よみがえる戦時体制

治安体制の歴史と現在

荻野富士夫
Ogino Fujio

a pilot of wisdom

目次

第四章　長い「戦後」から新たな「戦前」へ
――どのように現代日本は新たな戦時体制を形成してきたのか――　170

凡例
・史料の引用に際しては、適宜句読点と濁点を付し、旧字旧かなは新字新かなに、カタカナ表記はひらがなにあらためた。
・引用文中の筆者による注は〔　〕で示した。

はじめに　「来るべき戦争準備」に抗するために

戦争の「からくり」を見抜く多喜二

一九三三年二月二〇日、『蟹工船《かにこうせん》』（一九二九年）などで知られる小林多喜二が東京の築地警察署で特高警察（特別高等警察）の拷問によって殺されました。なぜ、多喜二は殺されたのでしょうか。二つの理由が考えられます。

一つは、多喜二が小説『一九二八年三月十五日』（一九二八年）において、小樽《おたる》の警察署で友人らが受けた凄惨な拷問の実態を、「煮えくりかえる憎意」を燃やして、生々しく暴露したことに、見当違いにも特高警察が多喜二に報復の刃《やいば》を向けたからです。一九三〇年五月の大阪の島之内警察署での検挙では「ようもあんなに警察を侮辱しやがったな」（江口渙『たたかいの作家同盟記』上巻、新日本出版社、一九六六年）と脅され、「竹刀《しない》で殴ぐられた。柔道でなげられた。髪の毛が何日もぬけた」（斎藤次郎宛多喜二書簡、三〇年六月九日、荻野編『小林多喜二の手紙』岩波文庫、二〇〇九年）という拷問を経験しています。釈放後、再び警視庁に検挙された際にも、多喜二に対する「当局の取調べはもっともしゅん烈であったため、出所後顔面筋肉の一部が硬直」（『東京朝日新聞』一九三一年五月二〇日付）するほどの拷問を加えられました。これらの延長線上に、三三年二月の拷問の末の虐殺があります。

もう一つは、満洲事変後の反戦・反軍運動を全身でリードしていく多喜二に、特高警察を尖《せん》兵《ぺい》とする支配者層＝為政者層の脅威が集中したからといえます。多喜二は一九三二年以降、毒ガスマスク製造工場労働者の反戦活動を描いた『党生活者』（一九三三年）をはじめとする小説や評論においてだけでなく、日本反帝同盟執行委員として上海《シャンハイ》での国際反戦会議の準備に奔走します。

多喜二虐殺の報に、フランス共産党の機関紙『ユマニテ』（一九三三年三月一四日）は「過去数ヵ月間に彼は決然として極東における帝国主義的略奪戦争および反革命戦争に抗する運動の先頭に立ち続けていたのだった」と的確に記し、「彼の不屈の革命的活動は日本帝国主義の脅威となっていた」と評価しました（『小林多喜二の手紙』）。

その「脅威」とは、眼前で進行する戦争遂行の「からくり」を誰よりもするどく的確に見抜いたことです。評論「八月一日に準備せよ！」（『プロレタリア文化』一九三二年八月）において、

「戦争が外部に対する暴力的侵略であると同時に、国内に於《お》いては反動的恐怖政治たらざるを得ない」とするのは、三二年四月以降、地下に潜行する生活を強いられた多喜二の実感です。戦争遂行と密接に結びついた「反動的恐怖政治」を、次のようにとらえます。

賃下げ、大衆的馘首《かくしゅ》、労働強化が経営内に行われ、ファシスト、社会ファシスト、愛国主義者、平和主義者（略）の残るところなき利用、警視庁と憲兵隊の協同、特高部の設置（課から部へ昇進させて、その陣営を強化した）、在郷軍人、青年団、青年訓練所其他の組織の軍事編成、あらゆる革命的諸組織への徹底的弾圧（略）等々は来るべき戦争遂行の準備と密接に結びついている。

これは直接的には日本共産党の非合法機関紙『赤旗《せっき》』第八二号掲載の「八月一日を準備せよ!!」を参照したものですが、多喜二の晩年の小説には「来るべき戦争遂行の準備」のために張り巡らされた「からくり」とその各部分の「つながり」具合が具体的に描き出されています。

たとえば、『党生活者』では、舞台となる「倉田工業」で「工場長」により、「若《も》しも皆さんがマスクやパラシュートや飛行船の側《がわ》を作る仕事を一生懸命にやらなかったら、決して我が国は勝つことは出来ないのであります。でありますから或《ある》いは仕事に少しのつらいことがあるとしても、我々も又戦争で敵の弾を浴びながら闘っている兵隊さんと同じ気持と覚悟をもってやっていただき度《た》いと思うのです」という掲示が出されたとあります。井上ひさしの最後の戯曲「組曲虐殺」（二〇〇九年）の言葉を借りれば、多喜二はこうした「もっともらしい理屈にだまされるな」と警告を発しつづけました。

治安維持法下にあっても拷問は違法でした。したがって、警察は多喜二の死を拷問の結果とは認めず、「心臓麻痺《まひ》」と強弁します。特高の非道性はそれにとどまりません。その後の治安維持法違反を名目とする取調べに際し、広く知れ渡っていた多喜二の死を当時の権力は有効に活用しました。

多喜二の時代全体のつかみ方に学ぶ

多喜二虐殺から話を始めたのは、権力の非道性を再認識するとともに、多喜二の時代全体のまるごとのつかみ方に大いに学ぶことがあると考えるからです。「賃下げ、大衆的馘首、労働強化が経営内に行われ」る事態は、すでに現代日本に出現して久しいことです。それらが今後加速するとき、社会の不安や不満の醸成と破裂の危険性が高まり、社会的秩序の流動化と動揺を免れない状況が生まれます。そうした高まる国内危機を回避するための対外危機の創出という事態は、朝鮮民主主義人民共和国（北朝鮮）をめぐる情勢の緊迫化によって現実味を帯びてきました。

満洲事変後の特高警察などの増強だけでなく、国民のなかから「戦争協力」の側に回ろうとする動きなどにも多喜二が注目していたことは、現代における社会と人心の誘導と統制を考えるうえで示唆に富みます。

小林多喜二（1931年ごろ）
『小林多喜二全集』第三巻口絵より

『沼尻村』（一九三二年）という小説では、協調路線の全農の「ダラ幹（組合の堕落した指導部）」である「山館」に、「満洲は我々日本の生命線だ。あそこを取れば、自然我々のこの苦しい状態も楽になるのだから、内で騒ぎを起こすのはあまり感心しない」と語らせます。『党生活者』に登場する会社の御用団体「僚友会」が用いた論理は、「今度の戦争は以前の戦争のように結局は三井とか三菱〔財閥〕が、占領した処《ところ》に大工場をたてるためにやられているのではなくて、無産者の活路のためにやられているのだ。満洲を取ったら大資本家を排除して、我々だけで王国をたてる。内地の失業者はドシドシ満洲に出掛けてゆく、そうして行く行くは日本から失業者を一人もいなくしよう」というものです。多喜二はこの「プロレタリアのための戦争」という正当化の説明の欺瞞《ぎまん》性と危険性を明らかにしました。

「満蒙は日本の生命線」というスローガンが声高に叫ばれ、人心をかきたてましたが、そこには満洲がその地に居住し生活する人々にとっての「生命線」そのものであり、その奪取がどれほどの犠牲と破壊をもたらすかについての想像力はありませんでした。しかし、それを一九三〇年代のこととして看過することはできません。なぜなら、現代の私たち自身がこうした「日本の生命線」を守るための戦争というワナ、「プロレタリアのための戦争」というもっともらしい理屈にコロッとはまってしまう危惧が、急速に高まってきているのではないかと考えるからです。

現代における戦争に引きずり込むワナと落とし穴とは何か。それらを冷静に見抜くために、多喜二の時代全体のまるごとのつかみ方は、一つの大きな手がかりを与えてくれるはずです。

戦時体制とは

安倍晋三政権について、しばしば「戦争ができる国」作りを目指していると指摘されます。私もそのように思います。では「戦争ができる国」、言い換えれば戦時体制の確立した国家とはどのようなものなのでしょうか。

戦時体制を仮に戦争遂行のためにすべてを総動員する体制と定義すると、二つの意図が想定されます。一つは、文字通り総力戦を遂行するための体制の構築です。そこでは国家の危機の名のもとに軍事が最優先されます。国内の政治・経済・教育・社会・文化などのあらゆる面での統制が急速に整備され、それに抗する社会運動や批判的な意識は完全に抑え込まれ、基本的人権も大幅に縮小され、出版言論などは統制されると同時に巧妙に動員されていきます。武力衝突という戦闘状態がつづき、日本と「敵国」の双方に大きな人的・物的な犠牲を生じることは不可避となります。

東条英機の独裁的政権に至る軍部の実権掌握という歴史的事実が想起されますが、おそらくアメリカの強い影響力の下、従属関係にある現代および近未来の日本では、そうした事態がそのまま再現する可能性は少ないと思われます。かつての関東軍の暴走に引きずられた総力戦遂行国家へのなだれ込みのような事態はあまり想定されないということです。とはいえ、二〇一七年―一八年時点での東アジアの意図的な軍事的緊張の創出という状況において、あるいは近未来において、同盟国アメリカに引きずられ、偶発的な武力衝突をきっかけになし崩し的な戦闘状態に拡大していく可能性は否定できません。

もう一つの戦時体制構築の意図は、多喜二のいう「来るべき戦争遂行の準備」を通じて、常に国内・国際的な緊張を高め、それらをテコとして異論や不満を封じ込める態勢を持続することです。いつでも「戦争を始める・始められる」という臨戦態勢を敷くことで、政権・為政者層にとって望ましい秩序を継続させることが第一義となります。あわせて市場や原料の確保などを目的とする「国益」（実際には企業の「権益」）の確保と拡充が、同時に追求されます。

何のためにでしょう。それは「国益」「権益」の追求であるとともに、復古的保守的国家・社会の実現、そうした価値観での社会の統制一元化のためです。当面の到達目標としては、自民党が「日本国憲法改正草案」（二〇一二年）として提示しているものが考えられます。

二つ目の意味での戦時体制は、「賃下げ、大衆的馘首、労働強化が経営内に行われ」る事態のさらなる深刻化→社会の不安や不満の醸成と破裂の危険性が高まり、社会的秩序が流動化し、動揺する事態→高まる国内危機を回避するための対外危機の創出という道筋をたどり、戦争前夜の緊張状態を作り出し、持続するというものです。言い換えれば、政権・為政者層にとって望ましい秩序が恒久的に継続する状況の出現です。そこでも基本的人権は制限され、権力によるだけでなく国民相互による監視と情報統制・情報誘導が常態化し、多様な価値観を必須とする思想・教育は統制と一元化の一途をたどるでしょう。あたらしい「戦時体制」の出現です。

いつ戦時体制は確立したのか

さて、近代日本が総力戦としての戦時体制を確立したのはどの段階からと考えるべきでしょうか。

明治初年から一九四五年の敗戦に至る七五年余の間に日本のかかわった対外出兵・事変・戦争を、岩井忠熊『「靖国《やすくに》」と日本の戦争』（新日本出版社、二〇〇八年）は実に一五回と数えています。単純に計算すると、ほぼ五年に一回の頻度となります。事変（満洲事変は長期にわたります）や出兵は比較的短期間（シベリア出兵は例外的に五年間におよびます）ですが、戦争となれば実際にも複数年以上継続されましたので、明治・大正・昭和前半の日本は戦時（有事）と平時が交錯していたといえます。平時は来るべき戦時の準備期間でした。しかも、最後のアジア太平洋戦争の終盤を除いて、すべてが日本の国外で、他国の領土内でおこなわれました。

満洲事変以降を本格的な総力戦段階とみなすと、日清戦争（一八九四年―一八九五年）・日露戦争（一九〇四年―一九〇五年）から第一次世界大戦（一九一四年―一九一八年）まではその長い前史ととらえることができます。一九二七年と二八年の山東出兵を先駆として、一九三一年の満洲事変から四一年のアジア太平洋戦争（対米英戦争と継続する日中戦争）に至る「十五年戦争」と呼ばれる段階を、総力戦の性格をもつものとして常態的な戦時体制とするのが妥当と思われます。

もちろん、十五年戦争の当初から常態的な戦時体制が確立していたわけではありません。一九二〇年代に浮上した総力戦構想は満洲事変を契機に本格的な実行段階に入り、三七年の日中全面戦争に突入すると、その完成に向けてピッチは加速します。一九三八年の国家総動員法の成立、四〇年の大政翼賛会の成立、そして四一年の国民学校令の制定と治安維持法の「改正」などを指標として、対米英戦争を前に文字通りの戦時体制が確立したとみることができます。したがって、日中全面戦争の段階の一九四一年までを戦時体制の形成過程（第一章）、アジア太平洋戦争の段階を戦時体制の展開とその末の崩壊の過程（第二章）と分けて考えてみます。

一五回におよぶ対外出兵・事変・戦争の名目の大半は、海外における在留日本人の保護ないし在外「権益」の擁護とされました。たとえば、一九二〇年代後半の三次にわたる山東出兵、三二年の第一次上海事変は、この両方を名目とする典型です。一九二七年五月、田中義一内閣は「済南帝国居留官民及《およ》び膠済《こうさい》鉄道沿線要地に於ける帝国臣民保護の為《ため》」（二七日付閣議決定）、山東出兵を断行しました。この出兵により「もし排日行動などの誤解的運動が起るとしても、そんなことを恐れて邦人の生命財産を放棄することは絶対にできない」という田中首相の談話が、「権益」の擁護が何を意味するかをよく物語ります。それは、結局、「数十年の間折角扶植した経済的地位」（『大阪毎日新聞』一九二七年五月三〇日付）にほかなりませんでした。

満洲事変の主役である関東軍の平時の任務は、南満洲鉄道とその付属地（大連—長春間など）の警備という在留日本人保護と膨大な「権益」擁護でした。一九三七年の盧溝橋《ろこうきょう》事件の軍事衝突の主役である支那駐屯軍の前身は、義和団戦争時の北京議定書（一九〇一年）により配置した清国駐屯軍ですが、その名目は北京の公使館や在留日本人の保護とされたのです。

本書の課題

多くの人が疑問を抱く「無謀で破局的な戦争をどうして阻止できなかったのか」という問いに真正面から答えた著作に、家永三郎『太平洋戦争』（岩波書店、一九六八年。増補版、一九八六年）があります。その解答の一つは「戦争に対する批判的否定的意識の形成抑止」という観点からなされ、「治安立法による表現の自由の抑圧」と「公教育の権力統制による国民意識の画一化」という二つの側面から説明されました。

私なりに意訳すれば、戦争に対する反対・批判の言動を出現させないために、治安維持法を基軸として特高警察と思想検察を主な担い手とする治安体制を作り上げるとともに、天皇中心の忠君愛国主義教育という土台の上に一九三〇年代後半以降に組み上げられた「教学錬成」体制＝「皇国民」錬成教育をおこなった、ということになります。

大変におこがましいことですが、特高警察についての考察を出発点に今日まで進めてきた私の仕事は、戦争に反対する人々を抑え込み、戦争に自発的に協力する意識を作り上げる枠組みの実証的な再確認の作業であったように思います。もちろん、それは当初から自覚し、見通していたわけではなく、総力戦下の治安体制全般を構想するようになって、初めて意識するようになってきたものです。

第二次・第三次安倍政権は「戦後レジームからの脱却」を掲げて、特定秘密保護法の制定から安保関連法の制定へ、そして共謀罪法へと、新たな戦時体制の構築に向けて一挙に加速しました。長い「戦後」から新たな「戦前」への転換が急速になされてきました。そうした動きをかつての戦前への回帰・復活と感じとった多くの（とくに戦前・戦中派）国民が疑念と不安を抱き、国会などを何重にも取り囲む行動に出るなか、安倍首相は論拠を示さないまま、「一九三〇―四〇年代の世界と現在の世界、日米同盟と日独伊三国同盟を同列に扱うのは間違っている」と一蹴しました（二〇一四年七月一四日の衆議院予算委員会「集団的自衛権」をめぐる集中審議）。それは、安倍政権の「靖国問題」やいわゆる「従軍慰安婦」問題への姿勢と通底しています。

安倍政権の下で進行する諸施策は全体として新たな戦時体制作りに収斂《しゅうれん》すると私はみます。多くの人も漠然とそれらが「何となくつながっていそうだ」と感じとっている見方を、多喜二にならって構造的かつ全体的な把握をおこない、それぞれの「つながり」具合と全体の「からくり」を見通すことが、本書の目的です。それは経済や思想などのさまざまな方向からなされるべきものですが、私はこれまで検証してきた、国家の暴力装置というべき治安体制の観点からの現代批判を試みます。現代の治安体制の急速な整備強化がどのような意図によってもたらされ、どこに向かっているのかを推しはかるうえで、かつての戦時体制を支えた治安体制の構造を理解し、現代との比較異同を明らかにすることは、現代を見つめ直し、抵抗の拠りどころを形づくるうえで有効な視座を与えてくれるはずです。

こうした戦前回帰や復活を警告し叫ぶ声に対して、未《いま》だに治安維持法的な弾圧は復活していないではないか、戦前と現代においては社会状況が大きく異なるので、そうした見方は杞憂《きゆう》に過ぎないという反論があります。また、治安維持法と特定秘密保護法や共謀罪法はまったく異なる法であり、安易な類推は避けるべきではないかという見方もあります。
確かに治安維持法と特定秘密保護法・共謀罪法の、それぞれの条文に明記された法益は異なります。しかし、その取締り当局における恣意的な運用という点については共通しており、そこに大きな懸念があります。その点について、立川反戦ビラ事件の裁判で弁護側の証人に立った奥平康弘の次の発言は、示唆に富みます（魚住昭・大谷昭宏・斎藤貴男・三井環ほか『おかしいぞ！ 警察・検察・裁判所』創出版、二〇〇五年、篠田博之「はじめに」より）。

いま日本の社会では、治安維持法とか、治安警察法とか、あるいはひょっとしたら破防法とかいった特別刑法を作ることは、恐ろしく難しい。それだから、今のところは普通犯罪法でいかざるをえない。普通の市民の秩序を守るものを、形として犯罪行為に仕立て上げて、そして機能的にこれを公安警察的に展開するということが、今後の社会の中で大いにあり得る（略）たまたまこの時期、今御指摘のような事件（立川反戦ビラ事件）が出てきたというのは（略）やっぱり治安維持法がなくても、治安維持法に近いような格好の、新しい現代的な何かが出てくるという徴候を示すかなというふうに、僕を考えさせている。

破防法に関する部分は、団体解散という本格的運用がなされるとしたら、という意味と思われます。一〇年余を経て、奥平の杞憂はいよいよ現実化してきました。今、新たな戦時体制がよみがえりつつあります。

第一章　戦時体制の形成と確立

――どのように日本は戦時体制を作っていったのか

私は例年二五〇人前後の学生を対象に、いわゆる一般教育科目の「歴史学」を担当し、「近代日本とアジア」をテーマに、主に十五年戦争をめぐる授業をおこなってきました。広島・長崎、沖縄への修学旅行などを通じて平和教育の機会をもったことも多い受講生らは、戦争の悲惨さを理解しているようです。しかし、彼らに、日本が当時なぜ巨大なアメリカを敵とする無謀な戦争に突き進んでいったかについて分かってもらうのは簡単ではありません。[1]

たとえば、マレー半島上陸・真珠湾奇襲攻撃に始まる対米英開戦直後、戦意は沸騰し、積極・消極の幅があるとはいえ国民の九九％は戦争を支持・協力していったと話しますが（第二章参照）、受講生はそんなことはないだろうという表情を浮かべます。多くの国民は内心では無謀な戦争に反対していたはずだ、という願望的な思いが強いからです。国民の好戦的・愛国的な戦意が、社会のあらゆるところに充満していたことの理解は容易ではありません。

この章では、前史を含めて、一九三一年の満洲事変以降、四一年の対米英開戦までの戦時体制の形成と確立の経緯を追っていきます。「はじめに」でみたように、戦争に対する反対や批判的意識がなぜ抑え込まれたのかという疑問を、強力な治安体制による抑圧と取締り、および教育を通じての思想の画一化と動員、という二つの視点から述べていきます。

戦時体制の前史

近代日本が対外戦争への第一歩を踏み出したのは、日清戦争と日露戦争からです。日清戦争においては、いち早く「富国強兵」を実現した日本が徴兵の軍隊を活用し、軍事力の近代化でも先んじて中国（清国）に勝利しました。すぐに朝鮮への主導権をめぐってロシアとの対立が深まったため、軍備の拡充と近代化を急ぎます。日露戦争は初めて「総力戦」の様相を呈することになったものの、一年半ほどで国力を消耗しつくしました。海軍がバルチック艦隊を破っても、その後の継戦能力はありませんでした。

この二つの対外戦争の間には、軍備拡充に関連して情報漏洩に対する罰則を規定した軍機保

1　荻野『大学「歴史教育」論』（校倉書房、二〇一三年）

護法が制定（一八九九年）され、勃興しはじめた労働運動や初期社会主義運動を予防的に取締るために治安警察法が制定（一九〇〇年）されるなど、初歩的段階ながら戦争を遂行する態勢の準備が進みました。日清戦争では非戦論は微々たるものでしたが、日露戦争において非戦論・反戦論が高まると、言論・出版の取締りが厳しくなります。抑圧と取締りの中心となったのは警察の高等警察部門ですが、すでにのちの特高的機能を発揮しはじめていました。司法では、出版物について執筆者や編集者を「裁判責め（攻め）」にして、戦争や政府批判の言動を封じ込めました。

日本は第一次世界大戦には参戦しましたが、主に将来の総力戦のあり様を学ぶ場となりました。一九二〇年代には軍備の近代化にとどまらず、思想戦や経済戦の概念も浮上してきます。本格的に総力戦が準備され、文字通り戦時体制の構築が急がれるのは一九三一年の満洲事変以降のことでした。その前提として、一九二〇年代を通じて高揚する社会運動に対応する治安体制が整備され、一九二八年の日本共産党への大弾圧である三・一五事件を契機として確立しました。それは、明治国家体制に生じた不具合や歪《ゆが》みを修正して、資本主義体制に再編しようとする大きな潮流のなかで、重要な位置を占めました。

治安体制とは何か

さて、戦時体制を確立するうえで重要な役割を果たした国家の暴力装置としての治安体制とはどのようなものだったのでしょうか。体制の変革や戦争遂行体制の障害となるものの抑圧と排除を治安体制の任務とすると、為政者層の治安の理念・意思、治安法制、治安機構、実際的運用（機能）という四つの面からとらえることができます。まず、全体的な概観をしておきます。

戦前治安体制を支える主翼の位置にあったのは、法令としては治安維持法であり、機構・機能としては特高警察と思想検察でした。これらにより、「思想犯罪」は警察による長い内偵捜査を経て、検挙―検察―公判―行刑という流れで「処理」されていきました。特高警察は警察全般のなかで、思想検察は検察・司法全般のなかで、「国体」にかかわる犯罪を取締るゆえに責任と自負が強く、それぞれの中枢的位置を占めることになりました。

社会運動の抑圧と取締りに限っても、他に思想憲兵および「教育警察」とも称せられた学生主事・生徒主事の存在、その司令部といえる文部省学生部（のち思想局、教学局）を見逃すことはできません。

治安維持法「改正」とともに、各取締り機構の拡充や創設が一斉になされていく契機となったのは、共産党への大弾圧である三・一五事件でした。つまり、一九二八年の時点で、社会変革を防止するという意味での治安体制が確立したといえます。

これらの取締り機構は重層的に配置され、それぞれの取締り機能を発揮していきます。社会運動にかかわって思想犯罪者とされる場合には、日常的に「特別要視察人」として特高警察の視察と尾行を受け、一九三〇年代後半からは同時に思想犯保護観察制度の下で保護観察司による「観察」（実質は監視機能が濃厚な「監察」）を受け、それらは個人別の「名簿」に記録されます。なかには憲兵による監視がなされる場合もあり、二重ないし三重の監視下に置かれることもありました。政治・思想・労働などの団体も監視を受けます。

各取締り当局は思想情勢全般について相互に情報を交換するほか、個々の思想事件に対して役割を分担・協調しますが、ときには情報の制限や具体的対応において齟齬《そご》や衝突もみられました。たとえば、学生の処分にあたり、学生主事らが学校からの放逐を急ぐのに対して、「転向」の有効性に気づきはじめた警察・検察当局が難色を示すこともありました。

広範な社会運動の高揚に対峙《たいじ》して一九二〇年代末までに、治安体制が確立されると、三〇年代前半を通じてそれぞれの組織と機能は能力を発揮し、共産主義に主導される変革の潮流をほぼせき止めてしまいます。三〇年代後半以降の治安体制は、「社会運動の監視から、社会それ自体の監視へ」（江橋崇「昭和期の特高警察」、『季刊現代史』第七号、一九七六年）の段階に入りました。文字通りの総力戦としての戦時体制の形成過程では、戦争に障害となるとみなしたあらゆるものをえぐり出して一掃するとともに、国民を戦争に動員する方向に展開していきました。

戦時体制の形成に歩を合わせて、「主翼群」とも呼ぶべき治安維持法とその運用者たちはその活用に習熟していきますが、それらだけでは治安体制は万全とはなりません。社会運動や不穏とみなす言動を集中的かつ強権的に封殺することと並行して、より広い対象を統制し動員する「輔翼群」という存在があってこそ、「主翼群」の機構・機能は能力を全面的に発揮しえたといえます。

具体的には後述しますが、情報統制や経済統制、「教学錬成」の機構と機能がそれにあたります。また、治安維持法を補完する治安法令が整備されていきました。治安警察法や出版法・新聞紙法、「暴力行為等処罰に関する法律」[2]、一九三七年の改正軍機保護法[3]などです。

2　一九二六年、「労働運動死刑法」と呼ばれた治安警察法第一七条の削除の代わりに制定、実質的に労働運動の抑圧に活用されました。現在も存続して、労働運動などに適用されています。

3　日中戦争の本格化を前に、一九二〇年代以降、ほぼ適用をみなかったものを再生させ、国民防諜《ぼうちょう》を進めるテコとなり、「流言蜚語《りゅうげんひご》」の取締りに威力を発揮していきます。

治安の理念・意思

多喜二が虐殺された一九三三年は国内において統計上もっとも治安維持法違反の検挙者が多く、一万四〇〇〇人を超えました。また、長野県二・四事件（教員赤化事件）と司法官赤化事件は、小学校教育の場と裁判所に共産主義の波がおよんだものとして為政者層に強い衝撃を与え、厳重な処分がおこなわれました。

それらを背景に一九三三年四月一日、斎藤実《まこと》内閣は「思想対策協議委員」を設置しました。「中正堅実なる思想対策樹立の為に、関係各庁の連絡協調を図り、必要なる事項を調査審議する為」とされ、内閣書記官長や内務・司法・陸海軍・文部各次官らを委員とし、早くも一〇月までに「思想善導方策具体案」「思想取締方策具体案」「社会政策に関する具体的方策案」が閣議に報告・決定され、内務・司法・文部各省を中心にそれらの具体化が図られていきます。それまでは、特高警察や思想検察などがそれぞれ独自に思想対策を実行していたわけですが、満洲事変後の社会運動の激化を力ずくで押さえ込むため、治安体制全体の強力な意志統一が必要となったのです。「思想取締方策具体案」に盛り込まれた治安維持法適用の厳重化の方針は、三五年ごろには共産主義の組織的運動を抑え込みました。

このような戦前の治安体制を支え動かしていったのは、万世一系の天皇制の特殊性と優秀性を強調する「国体」観念でした。一九三五年の内務省警保局「特別高等警察執務心得」では、「特高警察に従事する者は、常に国体の本義に関し、確固不抜の信念を抱持して其の任に当ると共に、事に臨みては率先躬《み》を挺《てい》して公に奉ずるの覚悟あるを要す」（奥平康弘編『現代史資料45　治安維持法』みすゞ書房、一九七七年）と規定されました。こうして「天皇の警察官」意識が鼓吹され、その自負のもとに拷問やスパイの使用などを含む法の逸脱や拡張解釈が許容されるようになったのです。

実は昭和天皇自身が早くから思想問題に関心を抱き、とくに日米開戦時や敗戦前後の治安状況について情報収集に熱心でした。組閣時には、警保局長などの内務省人事に注文を付けることもありました。天皇の治安への関心や憂慮が示されるたびに、「天皇の警察官」「天皇の検察官」を自任する治安当局はそれを激励や叱責と受け止め、その意を

破格
共産黨潰滅の功勞者に恩遇
四十八氏に敍勳・賜杯
神妙'泥棒で
飛行場に

『東京朝日新聞』1936年5月20日付

体して治安体制の拡充や引締めに努めます。そして、天皇は一九三六年、共産党潰滅の功労者として内務・司法官僚に叙勲をおこなっています。つまり、「国体」を体現する天皇自身が治安体制の要だったのです（荻野『昭和天皇と治安体制』新日本出版社、一九九三年）。

特高警察

さて、士族反乱や自由民権運動に対する明治前半期の国事警察は、二〇世紀を迎えるころから労働運動や初期社会主義運動に対する抑圧と取締りを担当する高等警察に移行していました。一九一〇年の「大逆事件」の衝撃は最大限に活用され、社会主義に対する恐怖と脅威を国民のなかに深く植えつけました。一一年には警視庁に初めて特別高等警察課が創設されるだけでなく（翌一二年に大阪府に特高課新設）、社会主義者に対する視察態勢の一層の厳重化が図られ、いわゆる「冬の時代」が作り上げられたのです。一一年六月には内務省から各府県警察部に「特別要視察人視察内規」が訓令され、以後の社会主義取締りのための視察基準となりました。

一九一〇年代後半には、取締り当局の視察・情報収集の対象が拡大しました。「要視察朝鮮人」や「要視察外国人」が、さらに米騒動後に再興してきた労働運動に対しては「労働要視察人」が特高警察の視野のなかに組み込まれました。また、デモクラシー思想や社会主義思想の影響を受けて各地で組織され始めた思想団体・研究団体も視察対象に加えられ、個人は「思想要注意人」とされ、その言動が注視されました。吉野作造や与謝野晶子もそのリストに入れられていました。普通選挙運動の動静についても情報収集に努めています。

こうした特高警察（外事警察を含む）による「要視察」態勢は一九一〇年代に確立され、それ以降は運用する機構の急速な拡充や精度の向上が図られていきました。ずっと時代が下りますが、長野県特高課の「共産主義運動の視察取締に就て」（一九四二年、『特高警察関係資料集成』第五巻）には、「視察内偵の方法」のうち「態度」としては「（イ）熱意と努力（ロ）足で内偵すること（ハ）材料の集積統合（ニ）常に研究を怠らざること」が列挙されています。

一九二〇年代前半には主要府県に特高課や外事課が設置され、一九二八年の三・一五事件を機に全県に特高課が設置されました。この全国に張りめぐらされた特高網が治安維持法を武器に共産主義運動の取締りに活用され、ほぼ一九三五年までに組織的な共産党の運動を壊滅させていきます。

特高警察の指揮系統は、内務省警保局保安課・外事課・図書課を中枢・頭脳とし、各府県警察部特高課をいわば胴体に、各警察署に配置された特高係を手足としました。保安課長や特高課長は高等試験合格組のエリートが占め、第一線の特高警察官は〝たたき上げ組〟という二層構造になっています。一九三〇年代には、「すべての警察官の特高化」というスローガンが掲げられました。

一九三〇年代後半になると、特高警察は「共産主義運動」とみなしたものをえぐり出すほか、反・非「国体」的とする宗教団体にも襲いかかります。銃後の治安確保の要請は、その監視の対象を国民生活・思想に広げ、流言蜚語や生産阻害などにあらわれる「人心の動揺」への警戒と抑圧を強めていったのです。そして、拷問による取調べは黙認されました。

外事・図書・経済の各警察などを含む広義の特高警察官の総数は、最大時、警察全体の約一割、一万人前後に達しました。

植民地の朝鮮（「高等警察」と呼称）においては民族独立運動に対して、「満洲国」（「特務警察」と呼称）においては反満抗日運動に対してより苛酷な運用がなされました。

特高警察関係の訓示や会議でしばしば強調されたことは、検挙者数の多さではなく、未然の防止でした。行動を伴う事件が引き起こされてしまうのは、特高にとっては望ましくないことでした。つまり、視察内偵を徹底し、不穏とみなされる動向を未然に抑止することが重視されたのです。この点は、共謀罪の考え方に通じます。

社会運動の抑圧と取締りのための指示（訓令・通牒《つうちょう》）とそれを実施するためのさまざまな情

報は、警保局→府県警察部→各警察署→各駐在所・派出所という流れで行きわたり、その逆の流れで要視察人・団体、さらに人心の動静などに関する情報の「報告」がなされ、警保局に集中する態勢が作られました。情報の上意下達こそ治安の生命線であったからです。それらのうち重要なものは警保局保安課によって、『特高月報』や年報の『社会運動の状況』などにまとめられ、特高警察全体で共有されました。内相や警保局長は、しばしば通牒や会議の場で「報告」の遅延や内容の不備を叱責して、抑圧と取締りの引締めを図りました。

思想検察

戦前の治安体制において特高警察と両輪をなす存在が思想検察（人的に体現するのが思想検事）でした。一九二〇年代半ば、司法省刑事局や東京地方裁判所検事局に思想問題を専門にあつかう部門がおかれ、三・一五事件を契機に思想犯罪の司法処理を担当する思想検察の確立に発展しました。特高警察が実際に社会運動と対峙するなかで、さまざまな経験を蓄積したうえで視察取締りのノウハウを獲得していったことに比較して、創設されたばかりの思想検察は後塵《こうじん》を拝しました。また、思想検事の総数は何度かの増員を経た四〇年代初めの段階でもわずかに七八人（検事全体の約一割）にとどまりました。

警察から送検される思想犯容疑者に対し、起訴の適否を決め、法廷において論告求刑をするなどの経験を積むなかで、一九三〇年には自立を果たした思想検察は、まもなく治安維持法の拡張解釈の論理の開発などを通じて、あるいは「転向」施策の主導によって、特高警察と肩を並べるようになりました。日本共産党の最高指導者佐野学と鍋山貞親の「転向」を演出したのも、この思想検察です。そして、拡張解釈の限度を痛感した思想検察は治安維持法の「改正」でも中心的な役割を果たしました。[4]

思想検察の特色の一つは、公判廷においても裁判官をしのいで主導権を握るほか、刑務所での行刑（たとえば仮釈放などの時機の判断）、保護観察や予防拘禁の運用においても、その権限が強大であったことです。彼らもまた「天皇の検察官」を自負し、特高警察と競合して検察主動の「思想戦」を目指しましたが、圧倒的な人員を誇る特高警察を指揮することは実質的に困難でした。

治安維持法の拡張

では、悪法という評価の定まった治安維持法はどのような経過で制定され、拡張解釈されていったのでしょうか。まず国内に限って、一九三〇年代末までを素描します。

前史として、一九二二年の過激社会運動取締法案や二三年の関東大震災後の「治安維持令」があります。前者はロシア革命による共産主義思想・運動の流入を阻止するために立案されましたが、条文の曖昧さを突く議会内外の大きな反対運動の前に廃案となりました。後者は大地震後のドサクサに紛れて緊急勅令で制定はしたものの、使い勝手が悪く、本格的な治安立法が望まれました。それを受けて、二五年四月、法益を「国体」変革と「私有財産制度」否認を目的とする結社の処罰に絞ったとされる治安維持法案が提出され、まだ反対運動はありましたが、成立にこぎつけました。これは、普通選挙法の成立および日ソ国交の成立の動きと密接に関連していました。

国内における最初の適用は、一九二六年の京都学連（学生社会科学連合会）事件です。第一条の結社行為ではなく第二条の実行協議行為が問われたように、しばらくは反対運動を考慮して慎重な運用となります。しかし、非合法下の日本共産党への全国的大弾圧である二八年の三・一五事件で、治安維持法の発動は本格化しました。緊急勅令による「改正」によって、「国

4　一九三四年と三五年の「改正」には失敗しますが、三六年には「転向」施策を確実にするために思想犯保護観察法の制定に至ります。

体」変革行為の最高刑を一〇年から死刑に引き上げるとともに、目的遂行罪を導入しました。「死刑」への引き上げは、「国体」に歯向かうことが重罪であるという意識を社会にも植えつけました。

目的遂行罪によって、共産党の「国体」変革という目的遂行に資したと当局側がみなせば、労働組合や救援会・プロレタリア文化運動などにかかわる活動は、取締りと処罰の対象になりました。そのため、検挙者数は急増し、一九三一年には一万人を超えました。さらに「転向」への誘導もなされていきます。

こうして治安維持法の威力を十分に認識した特高警察や思想検察は、その最大限の活用を図っていきました。内務官僚の木下英一は『特高法令の新研究』（一九三二年）のなかで、「至れり尽せりの此の重要法令」と呼び、「法の蔵する弾力性を筒一杯活用し、以て社会運動に節度を与えてその健全な発達を促し、社会運動の目図する社会変化に秩序あらしめねばならぬ」と述べています。社会運動の存在は認められつつも、それは当局にとって都合のよい、「健全」で「秩序」あるものに封じ込められました。

取締り側は一九三五年ごろには共産党の組織的な運動を壊滅させ、三〇年代後半からは社会民主主義に標的を広げるとともに、自由主義・民主主義への抑圧と取締りも強めていきます。

さらなる拡張運用の展開という方向は、大審院（現在の最高裁判所）の判例によって加速されました。たとえば、一九三八年一一月には、「具体的には何等結社との関連なく、又結社の目的と関連なきもの」も、コミンテルンや共産党がどういうものかを「知悉《ちしつ》」していれば、「同党の拡大強化を図らん」としたものと認定されました。さらに四〇年九月の判決では「結局に於《おい》て」ないし「窮極に於て」という論理を用いて、どのようなものでも治安維持法の目的遂行罪が適用され、処罰されていくことになりました。

前述の「法の弾力性」を一歩進めて、一九三〇年代後半には次のような取締り観を特高警察はもつようになります。大阪府特高課の「最近に於ける共産主義運動の動向と其の危険性」（一九三七年三月、『特高警察関係資料集成』第五巻所収）です。

共産主義運動の取締に当りては、日独防共協定締結の趣旨をも考慮し、国家的大乗的見地に立ち、更に一層積極的熱意を以て査察内定に努め、取締の徹底を期し、些々《ささ》たる法的技術に捉われず、現存法規の全的活用を図り、法の精神を掬《く》みて、其の適用を強化拡張し、苟《いやし》くも共産主義を基調とする運動なるを確認するに於ては、非合法は勿論《もちろん》、仮令《たとい》表面合法たりとも仮借なく断乎《だんこ》制圧を加え、以て斯《こ》の種運動を我国より一掃せんことを期すべきなり。

一九三六年九月、思想検事主宰の神戸地裁管内の警察署特高主任会議において、ある特高主任は「現下の社会情勢に照し、思想犯罪の捜査、検挙、取調等に付《つい》ては総て必要なる限度に於て従来の慣習を踏襲することは已《や》むを得ざるものと被認《みとめられる》」と答申しています。日中戦争前夜の情勢で、「従来の慣習」として日常茶飯事化していた拷問を含む取調べは、「已むを得ざる」ものとして違法性は無視されました。思想検事もそれを黙認したと思われます。

治安維持法違反の検挙者中に占める起訴の割合も上昇しました。一九三七年には一六％でしたが、三九年には五四％となります。銃後の治安確保が最優先された結果で、三〇年代前半であれば起訴猶予や執行猶予付きの有罪とされた「犯罪」行為が、三〇年代後半になると起訴猶予ではなくて起訴に、執行猶予が付かない実刑判決となるという重い処分が下されるようになったのです。

一九三〇年代後半、治安維持法の適用は「国体」にまつろわないとされた民衆宗教や創唱宗教、無教会派キリスト者にも広がっていきました。

国外における治安維持法の運用

戦前の日本が植民地とした朝鮮・台湾・樺太《からふと》、租借地の「関東州」、第一次世界大戦後にドイツから奪い取った南洋諸島でも、治安維持法をはじめさまざまな治安法規が適用・運用されていました。国内において小林多喜二のような拷問致死は多数ありましたが、治安維持法裁判による判決では死刑はなく（ゾルゲ事件の死刑判決は国防保安法の適用です）、無期懲役がもっとも重いものでした。おそらく日本人ゆえに、いつの日にか回心して真の日本人に立ち返るという考えがあったと推測されます。

ところが、民族独立運動への見せしめとして、朝鮮では治安維持法による死刑判決がありました。朝鮮近代史研究の水野直樹によれば、[5] 一九三〇年一〇月の第五次朝鮮共産党事件の被告で、朝鮮共産党の満洲総局に加盟し、併せて中国共産党にも加入したとして、治安維持法のみで死刑判決が下されています。騒擾《そうじょう》や放火（警察署を焼き打ちにした場合など）などの併合罪による死刑判決は約二〇件、四八人にのぼるとされます。「朝鮮における独立運動、共産主義運

5 水野直樹は朝鮮における治安維持法の植民地的特徴として、勅令による施行、「植民地独立を目的とする運動」への適用、「中国で活動する朝鮮人」（「帝国臣民」）への適用、重い量刑と「多くの死刑判決」、「転向」基準の厳重さ、「大和塾」（保護観察所）、そして「予防拘禁制度」の先行実施を指摘しています（「治安維持法による死刑判決─朝鮮における弾圧の実態」）。

動が武装闘争の色合いを帯びることが多く、それを抑えるために日本当局が強硬な手段をとり、厳しく処罰することとなった」という水野の指摘は重要です（「治安維持法による死刑判決―朝鮮における弾圧の実態」、『治安維持法と現代』二〇一四年秋季号）。

朝鮮においては日本国内よりも早く、一九二五年中に朝鮮共産党に対する弾圧に治安維持法が発動されています。さらに、満洲における朝鮮民族独立運動の本拠地とみなされた「間島《カンド》」（現在の中国・延辺朝鮮族自治州）では、二五年八月、電挙団事件という治安維持法の最初の発動がなされた形跡があります。これは、後述する外務省警察である間島総領事館警察署によるものです。「間島」龍井村の学生たちが「我らは現社会の不合理なる一切の制度を破壊し、大衆本位なる歴史的必然の新社会建設を目標とする」という綱領をもつ電拳団を組織し、朝鮮独立と共産主義に関する宣伝文を撒《ま》いたとして、一六人が検挙され、四人が訴追されました。この四人が治安維持法第一号の適用と思われます。[6]

遼東《リヤオトン》半島の付け根の部分が「関東州」という租借地で、実質的な植民地です。ここでも治安維持法が適用されました。一九二七年七月、大連で中国共産党の弾圧に使われています。日本の統治下の関東州で中国共産党が「秘密結社を組織し、私有財産制度を否認し、社会組織を変革し、一切の政権を労働者農民等の手に収めんとし」たとして、大連の共産党地方委員会書記ら一七人が検挙され、重いものでは禁錮一〇年という判決が下りました。

日本は一九三一年九月一八日、満洲事変（柳条湖事件）を謀略で起こし、一挙に中国の東北部を占領し、翌年には「満洲国」を作り上げます。これに対して激しい反満抗日運動が起こりますが、増強された関東軍はその鎮圧に躍起になりました。三二年九月、「満洲国」は「暫行《ざんこう》懲治叛徒法《ちょうちはんとほう》」と「暫行懲治盗匪法《とうひほう》」という二つの治安法を施行します。前者では「国憲を紊《びん》乱《らん》し、国家存立の基礎を急殆若《きゅうたいもしく》は衰退せしむる目的をもって結社を組織したる者」を処罰し、「首魁は死刑」とすると規定していました。

一九三八年、日本の三・一五事件にちなんで、あえて三月一五日に関東憲兵隊がおこなった弾圧では、中国共産党員と抗日工作員が三〇〇人以上も叛徒法違反で検挙され、八九人が有罪となり、その内五人は死刑となっています。また、五人が細菌戦研究の人体実験用「マルタ」として、ハルビン郊外の七三一部隊に送られています（チャムス憲兵隊富錦分隊成井昇の撫順《ぶじゅん》戦犯

6 間島警察部長で外務省警察の中心人物だった末松吉次は、翌二六年に、「国体を変革し又は私有財産制を否認することを目的として結社を組織し、又は此目的を以て騒擾暴行せんとする犯罪を煽動した者等に対しては治安維持法の実施に依り根拠ある取締を為し得る」と、法的な手がかりができたと言っています（『外務省警察史』復刻版第二三巻）。

管理所での供述)。

「武力討伐」の一環で、多くのゲリラ活動を鎮圧するうえで手っ取り早く使われたのは、むしろ暫行懲治盗匪法でした。暫行懲治叛徒法が形式的ながらも裁判という手続きをとるのに対して、盗匪法には「臨陣格殺《りんじんかくさつ》」と「裁量措置」という規定が盛り込まれました。最高指揮官による現地での緊急措置として即決処分で銃殺をおこなうことを可能としたもので、これが猛威を振るいました。

思想憲兵

軍隊内の軍紀・風紀の取締りという軍事警察を担当したのが憲兵です。憲兵は、一八八一年の創立後まもなくから秩父事件(一八八四年)などの自由民権運動激化事件の鎮圧、一八九〇年代の初期議会期の選挙取締り(一八九二年の高知県・佐賀県など)や日露戦後の都市民衆騒擾に対する鎮圧(一九〇五年の日比谷焼打ち事件や一八年の米騒動など)にあたり、軍隊を背景とする強力な治安機能を発揮していました。

一九二〇年代からは思想警察的機能を備え、二八年には思想憲兵を創設し、主要な憲兵隊には特高課を置きました。思想憲兵は「主として軍の存立、安寧秩序に影響を及ぼす社会運動」

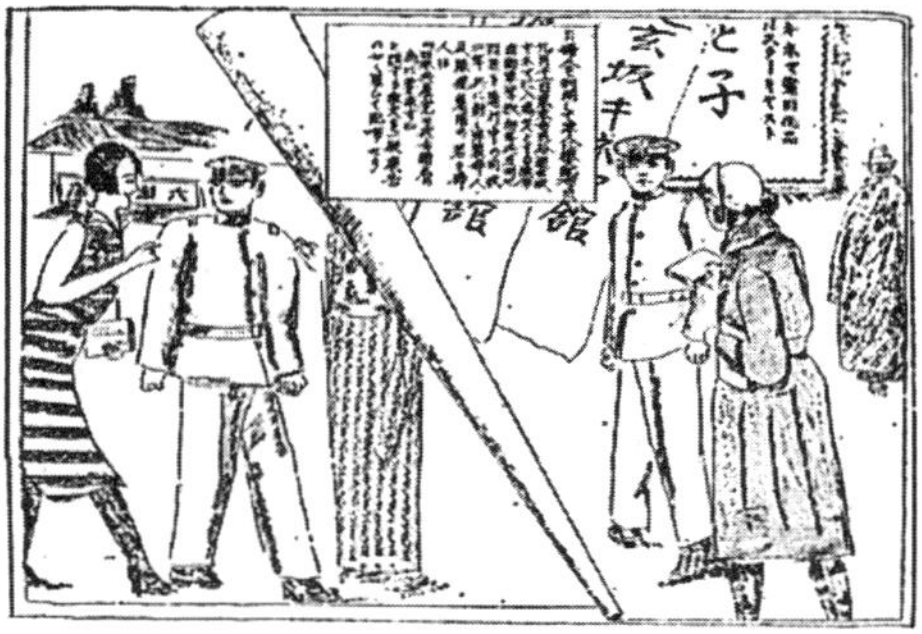

若い女性による陸軍自動車学校生徒への「左翼文」の手渡し（憲兵司令部「軍隊（軍工場）内細胞組織及策動概見表」、『季刊現代史』第4号、1974年）

（陸軍憲兵学校『憲兵実務教程（高等警察）案』一九三七年）、すなわち反戦反軍の運動・思想、それにかかわる社会情勢一般や人心の動向を対象とし、軍事警察の概念を拡張して抑圧と取締りに加わっていきます。しかし、社会運動・思想の現状認識や情報収集能力、具体的弾圧の経験とノウハウの蓄積において、競合する特高警察の後塵を拝することを余儀なくされました。三〇年代を通じて、国内の社会運動の抑圧と取締りの主役は特高警察でした。

一九三〇年代後半以降、憲兵は戦争遂行体制の確立に向けて、防諜と治安確保を掲げて「民心」の監視と抑圧の役割を担うようになります。同時に国内では憲兵全体が思想憲兵の性格を強めていきます。

一九三七年三月、憲兵練習所作成の『憲兵実務教程（警備）』「緒言」には、こうあります。「国民思想の変易は国家観念に動揺を来し、一面権力蔑視の風潮を生じ、社会生活の不安は理性を失いて自暴的気風を呼び、共に排他的雷同的にして、時に臨み多衆の勢を用いて過激に事を為《な》さんとするが如《ごと》き、公共の安寧静謐《せいひつ》を脅かし、国家の隆運を阻害するの虞《おそれ》多きに至れり」と。憲兵は平素から社会各方面に関心を向け、「情勢の機微を洞察」しなければならないとされました。「警備上顧慮すべき社会状勢」の第一にあげられるのは、もはや「要視察要注意人の状況」ではなく、「地方住民の経済及思想状況」でした。

前述した改正軍機保護法の運用を担ったのは、特高警察とともに憲兵でした。一九四〇年一二月、憲兵司令部本部長の各憲兵隊への通牒「憲兵の防諜措置を適正ならしむべき件」では、「最近憲兵の実施しつつある防諜関係法規の解釈並に其の指導要領に於て、往々にして適切を欠くものあるに付、徒《いたずら》に民心を萎縮せしめざる様」という注意がなされました。二年半ほどの運用状況を概括して、次のような状況が指摘されたのです。

各隊に於ける実情を観《み》るに動《やや》もすれば法規、通牒の趣旨の把握十分ならざる為、其の解釈取扱妥当を欠き、不必要に民業を圧迫し、「行過ぎ」の形となりて現われあり（略）斯《かく》の如きは徒に産業、貿易の振興、生産拡充を阻害し、文化の発展、銃後援護事業等に支障を来《きた》さしめ、現下の国策に沿わざる結果となり、延《ひ》いては憲兵の威信を失墜し、国民をして防諜の真の意義を誤解せしむるに至るの虞なしとせず。

憲兵中枢にとって、各憲兵隊による軍機保護法や陸軍刑法などの防諜法令運用の実態は解釈に妥当性を欠き、「行過ぎ」と認識されました。ところが、憲兵司令部では四一年八月に再び通牒を発し、「最近各隊に於ける軍機保護法違反事件（略）処理の実情を観るに、（略）苛察に流れ、或《あるい》は其処置適正を欠くもの尠《すくな》からず」とするとともに、警察による、「誤りたる法規運用が反軍思潮の淵由とならざる様注意せられ度《た》し」と釘を刺さざるをえませんでした（『憲兵令達集』第二巻、防衛研究所図書館所蔵）。これらは、防諜を名として憲兵が国民生活のすみずみにまで監視の目を光らせ、自らが「苛察」と認めるほどの些細《ささい》な流言蜚語などが取締られていたことを示します。

一九四〇年五月、憲兵司令部の憲兵少佐緒方泉は「最近の国内思想情勢」（『偕行社記事』）の「結言」で、次のように記しています。

銃後の治安は表面平静を保ちつつあるも、事変の長期に亙《わた》るに従い、国内経済の統制は益々《ますます》強化せられ、或種の産業は特に殷賑《いんしん》を極めるに反し、他方一部の平和産業は不振を来し、中小商工業者の転業失業、或は物価騰貴に依り銃後の国民生活は不安を生じ、其の状漸次顕著ならんとする実情である。

故に今後共産主義者、其の他の詭激《きげき》思想を抱懐する徒輩に於ては、かかる社会状勢の不安増大せんとする趨勢を利用し、不逞《ふてい》の企図を遂げんが為、反戦反軍思想を醸成すべく策動し、或は国家の機密を探知蒐集《しゅうしゅう》すべく暗躍する等、不詳事惹起の虞あるに鑑み、当局に於ける対策の宜《よろ》しきを得べきは勿論であるが、国民自ら益々堅忍持久、銃後の完璧を期すると共に、各自日本精神を堅持し、一致団結万難を排して聖戦貫徹に邁進《まいしん》するの覚悟を新《あらた》にする要、愈々《いよいよ》切なるものがあるのである。

戦争の長期化とともに「共産主義運動」への警戒が再び高まるなかで、「社会状勢の不安増大せんとする趨勢」となりました。その点からも社会不安を除去しなければならず、戦争遂行のために「国民思想を訓練」し、統制することが急務であり、それを実行させる重要な役割を憲兵は担っていると考えるようになったのです。

思想憲兵は国内以上に、朝鮮における独立運動の取締りや「満洲国」における反満抗日運動の取締りに本領を発揮しました（第二章を参照）。

学生主事・生徒主事の配置

三・一五事件検挙者のなかに学生が多く含まれていたことに文部省は驚愕《きょうがく》し、学生運動の抑圧取締りに本格的に乗り出します。一九二八年、文部省のなかに学生課を新設し、翌年には学生部とします。学生部学生課長には、各県の特高課長や外事課長を歴任した内務官僚を出向させて据えました。中学校や小学校教員らに思想運動の影響が広がると、一九三四年、学生部は思想局に格上げされます。

官立の大学と高校には、教員や事務職員のなかから大学には学生主事を、高校などには生徒主事を配置しました。教育の現場であるだけに各種の「思想善導」策が実施されるものの、一九三三年ごろまでは警察的機能が優先され、停学や退学処分が頻発しました。復学などを条件とする「転向」への誘導や監視も重視されます。

三〇年代半ばから学生主事・生徒主事は思想動員・「教学錬成」の主導者となる一方で、学生生徒・教員の思想動向などの探知も怠りませんでした。一九三五年の「天皇機関説事件」では、各大学の憲法講座担当者の学説が調査されています。

「教学錬成」

「天皇機関説事件」への対応を機に、「国体明徴」と「教学刷新」が為政者層を通じたスローガンとなり、岡田啓介内閣のもとに教学刷新評議会が設置されました（三五年一一月、会長は松田源治文相）。委員には各帝大総長ほか内務・司法・陸海軍各次官らが並びます。答申原案作成の中心となった幹事の伊東延吉思想局長は、「国体・日本精神に基く教育的学問的創造のため」という観点から、「精神諸学」を中心とする「学問研究」とあらゆる教育領域における刷新を推進しました。なかでも三六年一〇月になされた「教学刷新に関する答申」では、「学校を以て国体に基く修練の施設たらしめ」「真の日本人錬成の教育」（掛川トミ子編『現代史資料42 思想統制』みすゞ書房、一九七七年）とする方向が明示され、数年後には小学校から国民学校への転換などにより、その実現をみていくことになります。

一九三二年に設立された国民精神文化研究所は、「転向」学生を収容し、師範学校・中等学校教員の再教育には成果をあげましたが、マルキシズムに対抗する「国民精神文化」の理念を樹立することはできませんでした。それでも三〇年代後半以降には、「国体明徴」の波に乗り、人文科学中心だった研究部は法学・政治学、さらに芸術・自然科学の領域にまで拡張され、

「皇道の闡明《せんめい》、皇道信念の確立」（教学局編『第八十一回帝国議会説明材料』一九四二年八月、『文部省思想統制関係資料集成』第四巻）が目指されました。

一九三七年七月、教学刷新評議会の答申を受けてなされた思想局の教学局（外局）への拡充は、「国体の本義に基く教学の刷新振興」がどれほど重視されていたかを物語ります（その後の教学局は不振でしたが）。教学局の向かうところは、「共産主義思想」の「芟除《さんじょ》」（取り除くこと）と「共産主義運動の温床とも云《い》うべき個人主義及之に胚胎する諸思想」の排撃、そして「日本精神を根本として実践に重きを置き、国民的性格の涵養《かんよう》に力を注」ぐこと＝「錬成教育」にありました（菊池豊三郎〔教学局初代長官〕「年頭所感」、『文部時報』一九三八年一月）。

この個人主義思想などの排撃がどこまでエスカレートしたかは、一九四一年三月の教学局「教育関係に於ける最近の左翼思想運動」（『思想研究』第11輯、一九四一年三月、『文部省思想統制関係資料集成』第六巻）にうかがえます。そこでは「国民の一部、殊に学生、知識階級中に浸潤せる唯物主義乃至《ないし》自由主義的思想傾向は容易に払拭し難きものがあ」るとしたうえで、「文化運動に於ても今迄《いままで》と異り、殆《ほとん》どマルキシズムの本体を現わさない位に其の調子を下げ、或はヒューマニズム運動、シュール・リアリズム等の線に沿って益々巧妙に、且《かつ》広汎なる運動に向って来て居る」という現状認識に立つのです。[7]

「錬成教育」は、地方国民精神文化講習会[8]や日本文化講習会の実施、大学・高校などの日本文化講義の実施などを通じておこなわれました。東京控訴院長や司法次官を歴任し、「転向」学生のための施設を主宰していた皆川治広を教育局長に迎えた東京市がおこなった一九四〇年の「錬成講習」は、次のような内容でした（『東京市錬成教育の概況』一九四一年、『文部省思想統制関係資料集成』第一〇巻）。

> 国民学校の進むべき道は、未だ草や木に蔽《おお》われているの観がある。之を伐《き》り開いて皇国の進むべき大道たらしむるには、教師自身が真に皇国の進むべき道を確認し、確固たる国家観、人生観を把握して日に進み日に新たなる創造発展の教育実践をせねばならぬ。皇国の道は即ち惟神《かんながら》の大道である。今や我々は神前に叩頭《ぬかず》いて、己を去り、天地と一如になって、思を神武天皇肇国《ちょうこく》の古《いにしえ》に馳《は》せ、惟神の精神を体現せねばならぬのである。単なる紙上の知識や、一席の講義では之を真に自我のものとしての実践力たらしめる力のないことは過去の教育が実証している処である。

講習は全市一万七〇〇〇人の小学校教員を対象に、二泊三日の「塾的鍛錬」を中心におこなわれました。午前中の「始禊祭《しけいさい》」から始まり、午後の禊行・体操行など、夕食後の「拝神行」という日程です。食事や清掃も「行」としておこなわれ、講習終了後は「各自身も心も清らかに、足音も高く家路を急ぐのである」（『東京市錬成教育の概況』）というものでした。

なお、文部省編纂《へんさん》『国体の本義』と教学局編纂『臣民の道』は、国民精神涵養の「聖典」として位置づけられ、国民の必読書とされました。一九三七年三月刊行の『国体の本義』編纂の目的は「正しき日本精神の体得と新しき教学の樹立とに進ましむる」（文部省の各大学への送付状）こととされ、累計で一九〇万部（内閣印刷局版、四三年三月）が刊行されました。四一年七月、思想の帰一化をさらに押し進め、国民生活のあらゆる領域・場面での実践を不可欠として編纂された『臣民の道』は、二五〇万部以上に達します。

『臣民の道』は『国体の本義』の注解篇《へん》ないし姉妹篇という性格づけがなされましたが、四年

7　たとえば、サルバドール・ダリの著名な絵画「記憶の固執」について、「完全に充足される世界はこの正統シュールレアリストにとって完全に人間性が解放さるべき「コンミュニズム」の社会でなければならぬ」と独特な解釈をしています（教学局『極秘　思想情報』第三〇号、一九四二年九月、文部省思想統制関係資料集成』第七巻）。

8　各府県に国民精神文化研究所の支所というべき国民精神文化講習所が設置され、教員の再教育をおこないました。

記憶の固執（原畫、ダリ筆）

圖解說

ダリの繪畫は彼自身言ふ樣に、凡て非合法的な心像を最も厳格な精確さを以て表出することにある。想像的な非合理の世界は現象的現實の外部的世界に比べて決して劣らない。客觀的な密度を持つものであると云ふ理念。従てその「象徴」は藝術的には最早、或る何者かを比喩的に暗示するといふ間接的な性質のものでなく、ダリに依れば食べられる「チーズ」と同樣な客觀的存在であり、「チーズ」そのものの如く、リアリティを持つものであつて、一切の分析力を嘲罵拒否する程な客觀性が、ダリの藝術の特異性である。

このやうな現象が眞に分析されるのには現在未だ存在してゐない「精神病理學の物理學」とでも言ふべきものが必要だといつてゐる。

然しこの繪を現實に見るものが、自ら其處に現實との關聯なしに見透すことは出來ない。この意味でダリの「記憶の固執」と題する作品を觀察するならば、だらりと垂れ下つた懐中時計は先づ吾々の常識的な空間と時間の觀念を顚倒し、不安の極致を感ぜしめるものである。

而も荒涼たる場所とその無限の水平線はこの不安を一層助長しつつ人間の無限の慾望を象徴してゐる。地面に横はる奇異な生物、即ち人間の顔と同時に胎兒かオタマジヤクシを想はせる對象は「不完全な人間性＝抑壓された人間性」の象徴の如く感ぜられる。

又一箇の時計の側に群がる蟻の群れは苛立たしさ、むづ痒さ等の如き慾望を刺戟する感覺の象徴である。

この樣にダリの繪畫を合理的に考へる場合、「人間の慾望」が全主題となつて居り、而かもこの慾望が一層抑壓され、矛盾に滿ちた現實の世界に於ては、斯かる矛盾と非合理と不安とを描いた繪畫は一層この人間的慾望の切實さを感ぜしめるものである。

要するにダリの繪畫を現實の思想性、政治性といふ觀點から見ればそれが性的慾望の抑壓であれ、又如何なる慾望の抑壓であれそれが完全に充足される世界はこの正統シュールレアリストにとつて完全に人間性が解放さるべき「コンミュニズム」の社會でなければならぬとするのである。

ダリ「記憶の固執」の解説（文部省教学局『極秘　思想情報』第30号、1942年9月）

間という刊行の時差は、内容において大きな相違をもたらしています。思想の帰一化の進展という点でみると、『国体の本義』が「我が国民の使命は、国体を基として西洋文化を摂取醇化《じゅんか》し、以て新しき日本文化を創造し、進んで世界文化の進展に貢献する」ととらえていましたが、『臣民の道』では「我が国民生活の各般に於いて根強く浸潤せる欧米思想の弊を芟除」することを必須とし、それらを「自我功利の思想」と一括して全面否定しているのです。

情報統制

国家権力による情報の統制・操作は、一九三六年の情報委員会（委員長は内閣書記官長）の設置を手始めとします。翌三七年に内閣情報部に拡充され、本格的な態勢が整えられ、国民を戦争に協力させ動員するために、国家目的に即して統制された「情報」が大量に発信されました。国民に向けた「啓発宣伝」が大きな任務となりました。

その嚆矢《こうし》となったのは一九三六年一〇月創刊の『週報』で、最大時の刊行部数は一五〇万部に達しました（定価五銭）。内閣情報部期の『週報』は「内外情勢の解明と国内諸施策の具体的指導に重点」を置き、「特に食糧増産、防空等国民生活に関係深い問題に付て」は特輯号《とくしゅうごう》を発刊しています（『戦前の情報機構要覧』、『言論統制文献資料集成』第二〇巻）。また、『写真週報』は

『写真週報』創刊号、1938年2月16日

写真と平易な文章による「啓発宣伝」を目的にしたもので、「週報の大衆版」の役割をもって、内閣情報部により三八年二月に創刊されました。定価は一〇銭で、『アサヒグラフ』などを圧倒し、最大五〇万部が発行されました。これらはのちに隣組などでも回覧されていきます。

「情報」発信の重要性を認識した政府では、一九四〇年一二月、さらに「国策遂行の基礎たる事項に関する情報蒐集、報道及啓発宣伝」（「情報局官制」第一条）を掲げた情報局へと拡充を図りました。これは、八月の「内閣情報部の機構を改め、外務省情報部、陸軍省情報部、海軍省軍事普及部及内務省警保局図書課の事務等を統合し、情報並に啓発宣伝の統一及敏活を期すること」（「公文類聚《こうぶんるいしゅう》」）という閣議決定を受けたもので、内閣情報部の拡充を軸に関係各省の情報機能を一元的に統合しようとするものでした。[9]

ただし、情報委員会から情報局まで一貫して自らが情報収集にあたる仕組みはもたず、各省と地方から提出される情報に依存し、業務の中心は検閲や情報操作を含む情報統制に置かれていました。情報局第四部第一課は内務省警保局検閲課を包含し、検閲課長が第一課長を兼ねるほか、検閲課員の多くも情報官を兼務しています。

出版社には事前に編集企画案や予定執筆者名の提出が義務づけられ、さらに用紙統制を駆使して編集権への介入も始まりました。一九四一年ごろには新聞社政治部長の検閲事務打合会・総合雑誌編輯長懇談会のほか、総合雑誌『中央公論』や『改造』との個別の「連絡会議」も恒常的に開催されています。

経済警察

一九三八年四月の国家総動員法公布にともなう統制経済の進行に連動して、その違反に対する取締りと統制のために経済警察・経済司法の態勢が整備されました。早くも七月末には警保局に経済保安課が、八月上旬には各府県警察部に経済保安課ないし経済保安係（特高課内）が設置されています。経済警察が治安体制の一翼を占めることは、その任務についての内務次官の通牒「重且大にして、其の運用の適否は直ちに一般国民生活及国民思想に極めて大なる影響

9　その時点では「内閣情報局」と称される予定で、長も勅任の「長官」でしたが、より強力で権威ある機関が求められた結果、企画院や興亜院並みの親任の「総裁」を長とする「情報局」として発足します。

を及ぼす」（谷口寛「経済警察の整備と其の後の状況」、『警察協会雑誌』一九三八年一〇月）とする点に明らかです。

始動時の各道府県の予定人員は合計で一四四〇人でしたが、統制経済の進展にともない、経済警察は急速に拡充されました。四一年二月には、警視庁の経済保安課は経済保安部へ昇格します。経済警察の運用状況をみると、創設から四一年八月末までの取締り総件数は一四五万件余にのぼり、このうち一割弱の「悪質重大犯」を検事局に送りました。全体の八割強が物価関係の違反です（警保局「警保局所管事務の概況」一九四一年一〇月、『特高警察関係資料集成』第三五巻）。経済警察発足の一年後、専任の経済係判事・経済係検事が主要な地方裁判所・検事局に配置されました。

この経済犯罪に対する取締り方針は、まず「温情主義」と呼ばれる慎重さで臨みます。一九三九年二月以降、経済犯罪の増加傾向があらわれ、闇取引の増加や再犯者が出現しはじめると、厳罰方針への転換を図っていきます。国家総動員法に基づく価格等統制令の施行（いわゆる九・一八ストップ令）は、国民生活を直撃し、経済犯罪の検事局受理数は四〇年全体では一二万七〇〇〇人余となり、三九年の四倍以上となりました。この状況に「此の儘《まま》にして推移せんか、法令の威信を損傷し、延いて国民生活の不安を醸成し、統制経済本来の使命を完《まっと》うすることを得ざる」（検事正宛検事総長通牒、四〇年四月六日、寺西博「統制経済法規違反事件に関する研究」、『司法研究』第二九輯二、一九四一年）という本末転倒的な状況に対する危機感をつのらせました。四一年の件数はやや減少しますが、対米英開戦切迫を一因に増加に転じ、物資配給・買溜《かいだ》めや国民徴用などに関する「流言蜚語」も増加しました。

外務省警察

日本が植民地を領有し、「満洲国」という傀儡《かいらい》国家を作り上げるなかで、統治のための治安体制の整備は重要かつ急務でした。日清戦後の台湾領有における反対運動の鎮圧や日露戦後からの朝鮮植民地化の過程での独立運動の鎮圧もありますが、ここでは外務省警察（領事館警察）をみてみます。現在とは異なり、外務省自身が国外に警察機関を持ち、とくに一九三〇年代には憲兵や警察・司法とともに治安体制の一翼を担ったのです。

日本は日清戦争の勝利後、不平等条約を強いた中国に一八九六年以来、外務省警察を配置していました。一九三〇年以前は特高警察的観点から焦点となった上海を除き、外務省警察の主力は満洲、とりわけ「間島」地方に置かれました。在留「日本人」の保護と取締りを名目に、領事裁判権を根拠として強引に領事警察権を主張し、中国側の抗議をかわして警察官の配置を

間島・延吉分館警察署葦子溝分署「共匪討伐の際に於ける巣窟占拠の状況」（外務省編『警華帖』）

既成事実化していきました。警察署は領事館や分館に置かれるだけでなく、警察官のみの分署や派出所も各地に設置され、領事館機能を肩代わりしました。一九一〇年代半ばからは満洲での「不逞鮮人」の取締りに比重を移しました。

一九三七年、在満外務省警察官を「満洲国」に移譲する記念として編纂された写真帖《しゃしんちょう》（『警華帖』）に、外務省人事課長松本俊一が寄せた「緒言」の「過去三十余年間、在留邦人保護の為、共匪馬賊の検挙討伐は勿論、殆《ほと》んど軍人と同様、幾多の事変に敢然銃砲を執りて立ち、国策の第一線に輝かしき功績を重ねて来た」（『外務省警察史』復刻版第六巻）という一節は、満洲における外務省警察の実相をよく伝えています。

しかし、軽機関銃などで武装するとはいえ、圧倒的な軍事力をもつ関東軍の補完的存在にすぎない外務省警察は、本来の役割と自認する特高警察機能に立ち返ろうとします。「昭和十年関東軍秋季治安粛正計画に基く在満外務省警察行動要綱」では、「思想対策計画の実施」を重視すべきとし、その留意点の第一に「特に共産匪及反満抗日分子（特に鮮人）の根本的芟除を目的とする諜報及捜索検挙に万全を期するを要す」（同前第九巻）をあげました。一九三七年一一月末、治外法権の撤廃により、在満洲外務省警察官約一四〇〇人の大半は「満洲国」警察官に転官となります。

一九三〇年代前半にあっては、中国関内の外務省警察の主なる役割は在留日本人の保護取締りと権益の擁護でしたが、三七年の日中戦争の全面化にともない、陣容を急拡充し、軍事行動への直接支援や自らの戦闘参加の段階を経て、三八年春以降は後方の治安の確保に重点を移していきます。もはやこの段階の警戒や取締りの主対象は、抗日運動や中国民衆の動静そのものでした。こうした機能をより効果的に発揮させるために、三八年六月、天津警察部を拡充した「北支警務部」が北京に、さらに三九年一〇月には「中支警務部」が上海に創設されました。いずれも中心となるのは第二課＝特高課で、「一、防共、防諜及警察情報に関する事項　二、治安及宣撫《せんぶ》に関する事項（略）四、抗日、反満運動に関する事項」（同前第二八巻）などを担当しました。

中国関内の外務省警察を予算定員でみると、一九三九年一〇月末では一九八八人でしたが、四一年度定員では二九四五人（「北支」一六六一人、「中支」一〇〇〇人、「南支」二八四人）、配置箇所一〇五（警務部二、警察署四二、警察分署三六、警察派遣所二五）へと急増します。

軍隊の思想問題への関心

先に日本は戦時（有事）と平時が交錯していたと述べましたが、軍隊の治安機能について考えてみます。憲兵とは別に軍隊は独自に思想問題に関心を寄せ、軍隊の存立基盤として社会状況を把握しようとしていました。

十分に全貌を明らかにできませんが、二つの時期に軍隊自体の思想問題への取り組みが積極化しました。ここでも、三・一五事件が契機となります。軍隊内にも「赤化」将兵が存在していたことに、大きな衝撃を受けました。一九二八年六月、陸軍省は「国防上留意すべき世態の実情及思想方面に於ける動静に関し、必要なる資料を蒐集綜合して将校の参考に供する」ことを目的に『調査彙報』を発刊します（松野誠也編・解説『調査彙報』、『十五年戦争極秘資料集』補巻29）。たとえば、第六号（二八年一二月）の「在営思想要注意者の行動」には、「今日の反抗は国家社会、延いて軍隊に対する反感から来ているものであって、其根柢は深く、社会的病菌――思想的病菌――は結核菌の如く何人にも吸われつつあるを知らなければならない」とあります。

この『調査彙報』は広く軍隊全般に配布され、思想対策の参考に供されました。

師団や連隊には「思想業務取扱主任者」を配置するようになります。一九二九年七月の「第八師団（弘前）思想業務取扱要領」（「密大日記」）は、連隊区司令部の思想業務範囲として在郷軍人や「要注意壮丁」「管内思想一般」などの思想状況の調査について詳細に規定しています。徴兵忌避の状況も詳細に調べられました。

もう一つは、日中戦争の全面化の時期です。中国戦線への出動が増大するなか、一九三〇年代後半には「管内思想一般」を注視する必要に迫られました。留守第一二師団司令部（久留米）の「昭和十四年下半期に於ける管内思想情勢」（「密大日記」）には、「事変の長期化と物資の欠乏、物価騰貴等に依る生活の逼迫感《ひっぱくかん》に因り、聊《いささ》か倦怠《けんたい》の風潮擡頭《たいとう》し、事変の迅速なる解決を希望するの余り、政府不信任乃至は反軍的気運の兆を認むるは遺憾なり」とあります。また、四〇年一月の中部防衛司令部「大阪附近一般情勢」第四号（「密大日記」）は、「年末に於ける市内商業界」について、「戦時色の如き皆無というべく、国民精神総動員など単に掛け声のみなる情態は正に深憂に堪えず」と観測しています。

「沈黙の威圧」

小林多喜二の小説『蟹工船』では、急成長した工船蟹漁業を含む北洋漁業の「権益」を擁護する存在として、カムチャッカ半島沿岸を巡航する駆逐艦が描かれました。多喜二はこの平時における経済的権益と結びついた海軍のあり方を示すとともに、それが「帝国軍隊——財閥——国際関係——労働者」という「一本の糸」でつながっていることを、まだ断片的ながら提示しようとしたのです。この平時における軍隊の存在意義は、「国益」や「権益」の擁護という点で、やはり戦時体制とつながっていきます。

一九二四年、青森県の大湊《おおみなと》要港部から出航し、カムチャッカ半島西海岸の警備にあたった第一八駆逐隊が帰港後に提出した「堪察加《カムチャツカ》警備報告」巻一（防衛研究所図書館所蔵）には、次のように述べられています。

国防上将又《はたまた》国益上、平時堪察加方面に於ける研究の必要なる事は隣接国として今茲《ここ》に贅言《ぜいげん》を要せずと雖《いえど》も（略）来年度に於ても尚日露問題円満に解決せざるものとせば、毎年の漁期に於ける同胞数万の生命及数千万円の国益を保護するは之れ吾海軍の使命にして、其の趣意に於ては支那の警備と仝様《どうよう》なるべく（略）又他日、日露問題円満解決の暁《あかつき》に於ても、生命財産の安固を保証すべき警察なく無武力の堪察加方面には、帝国海軍の擁護無くしては到底充分なる漁業家の活躍は不可能なるべきを信じて疑わず

さらにカムチャッカ方面の資料収集と研究は、「国防上及国益上」にも重要としています。これらは、北洋警備において果たすべき海軍の役割を余すところなく語っているといえます。蟹以上にサケ・マスの工船漁業が盛況となると「国益」は一億円以上とされ、しかも貴重な外貨の獲得資源とされました。実際にはそれは日魯漁業や日本水産などの企業の利益に直結するものだったのですが。[10]

海軍は、「毎年の漁期に於ける同胞数万の生命及数千万円の国益を保護する」ことを、使命と強く自覚していました。平時における軍隊の果たすべき役割を十分に意識していたのです。実際に広大な北洋を巡航するのは二隻程度の駆逐艦でしたが、不法操業を監視するソ連側の警備艇は一〇〇トン程度にすぎなかったため、一〇〇〇トン以下の駆逐艦でも圧倒的な軍事的優位に立っていたのです。そこでは交戦する必要はなく、相手側に巡航警備する姿をデモンストレーションし、存在を誇示すれば十分でした。

一九三一年、大湊要港部は海軍省に「北海警備に関する所見」（防衛研究所図書館所蔵）を提言しますが、そこには「大正年代に於て我警備艦が時に決心の閃《ひらめき》を現したる時代には、一本の軍艦旗能《よ》く全勘察加沿岸に其の威武を発揚し、沈黙の威圧相当に其の功を奏したる」という一節があります。また、一九三〇年代に「北洋警備」駆逐隊の参謀長をつとめた森徳治は、自らの経験をまとめた『海のまもり』（海事普及協会、一九五四年）のなかで、「国策の前駆として、又後楯《うしろだて》としての日本海軍」と表現しています。

軍隊の役割は武力の行使という、戦争・戦闘だけではなく、平時に軍隊がそこに存在する、あるいは基地があるということだけで重大な意味をもっていました。「国益」「権益」の擁護が重視されたからです。もともと関東軍は、南満洲鉄道（満鉄）の権益を確保・維持するために配置されたものです。満洲事変に先立つ山東出兵（一九二七年—一九二八年）は、北伐により中国における国民革命が実現することを阻止し、在中国の日本権益を守るためになされたものでした。

国民の戦争支持・協力

着々と拡充されていく治安体制によって戦争への抵抗や批判が押しつぶされていったことは

確かですが、戦時体制を支えた土壌に国民自らが戦争や軍隊を支持し、協力していく側面があったことも見落とすことはできません。

小林多喜二はそうした姿も的確に描き出しています。『蟹工船』では、漁夫・雑夫たちが帝国軍艦に対して素朴な信頼感を持っており、ストライキを起こした際にも駆逐艦がやってくると、「帝国軍艦万歳」と叫ぶ場面を挿入しています。「我帝国の軍艦だ。俺達国民の味方だろう」「国民の味方でない帝国の軍艦、そんな理窟なんてある筈《はず》があるか!?」と信頼して歓迎しながらも、あっという間にストを鎮圧され、リーダーらが拘引されることに直面して、ようやく「一本の糸」でつながる「帝国軍隊――財閥――国際関係」によって「労働者」が裏切られ

10 北洋における漁業「権益」の根拠は、一九〇五年の日露戦争の講和条約に規定されたことにあります。この漁業権を獲得するために日露戦争が戦われたわけではないのですが、一九二〇年代にソ連による漁業権の回収が勢いを増すと、この漁業権は日露戦争の戦勝と犠牲によってあがなわれたものであるという捉え方が一般的になりました。雑誌『水産』（一九二二年一月）では「露領沿海州の漁場を獲る為めに同胞十万の碧血《へきけつ》が流され、その漁業を購《あがな》うために数十億円の国帑《こくど》が費された」と論じました。日魯漁業株式会社社長の堤清六は漁区をめぐる日ソ漁業交渉が難航する一九二六年九月、「露領漁業は義理や御情けで貰い、金銭で購うた利権」ではなく、「国運を賭し、血涙と犠牲を払って贏《か》ち得たる国家重大の利権」（『小樽新聞』一九二六年九月一二日付）と述べています。一九三〇年代には「満蒙の生命線」にならって、「北洋の生命線」と呼ばれ、その危機が叫ばれました。

たことを悟ります。

『不在地主』（一九二九年）では、北海道の「S村」を舞台とした軍隊の機動演習で、「軍隊と農民」の関係が多面的に描き出されます。第一次世界大戦の対ドイツ戦争の際、中国の青島《チンタオ》で右手を負傷した「在郷軍人」の「やっぱり兵隊って、ええものだね。――ラッパの音でもきいたら、背中がゾクゾクしてくるからな」という独語が挿入され、軍隊への素朴な親愛と懐旧の情を浮かび上がらせました。

国民の軍隊への親愛が素朴であるがゆえに根が深いものであることを、多喜二はよく理解していました。それをくつがえすことの困難さも痛感していたことは、「戦争のこと位、百姓に分らせるに面倒なことはないな」（『沼尻村』一九三二年）、労働者は「とにかく戦争のお蔭《かげ》を蒙っていると考えていた」（『党生活者』一九三三年）という箇所からもわかります。

この国民の戦争支持・協力を、「戦意」という視点から考えてみます。「戦意」は「士気」と言い換えてもよく、「愛国心」とともに「敵愾心《てきがいしん》」もその要素の一つです。それを源泉に、将兵を戦場に送り出し、「銃後」の生産に従事し、窮迫する生活や空襲に立ち向かいます。敵・味方双方とも自国民の「戦意」をいかに高揚させるか、反対に敵国民の「戦意」をいかに喪失させるかに力を注ぎました。

一九二九年五月、東京憲兵隊長岩佐禄郎は近衛・第一師団団隊長会議で、「現時社会の状態を観察致しまするに、世人は稍々《やや》もすれば陸海軍に対して軍閥と攻撃し、軍閥打破等と叫ぶのであります」（「公文備考」）と述べました。大正デモクラシーの余燼《よじん》が残り、満洲事変以前には軍部への批判的雰囲気がただよっていたのです。

ところが、一九三一年九月一八日の柳条湖事件直後、民衆は「異口同音、暴戻《ぼうれい》支那を徹底的に膺懲《ようちょう》〔征伐して懲らしめること〕し、満蒙の特殊権益を確保せよ」と強硬意見を吐露するようになります（憲兵司令官「満洲事件に対する反響内査の件報告」一九三一年九月二三日、『資料日本現代史』第八巻、大月書店、一九八三年）。急高騰した「戦意」は、三四年ごろには落ち着きます。鎮静化した世論に刺激を与えようと、三五年前後には日本の国際的孤立を強調する「非常時」が高唱されましたが、社会の底流には軍部に対する批判的気運がまだありました。また、陸軍青年将校によるクーデター未遂の二・二六事件は、軍部への国民の不信を増大させました。

しかし、一九三七年七月七日、盧溝橋事件を発端とする日中戦争は、一挙に「戦意」を沸騰させます。久留米の第一二師団司令部留守部の報告には「管下一般は渾然《こんぜん》一体となり、挙国一致の真姿を顕現しつつあり」（七月一九日「北支事変に関し、団下及管内一般状勢の件」、「密大日記」）とあります。それまでの「国内の相剋《そうこく》的気運、特に濃厚なりし反軍的風潮は日支事変の勃発に依り、挙国一体の良気運に転進」（三八年二月、第一二師団司令部留守部「昭和十二年下半期に於ける管内思想情勢」同前）することになったのです。

戦局が「北支事変」から「支那事変」へと急拡大するなかで、「戦意」は高い水準で維持されてはいましたが、次第に戦死傷者の増加や増税などの生活圧迫を理由に、戦争を批判し、忌避する声があがってきます。経済的恩恵にあずかる上層階級の「戦意」は旺盛な半面、中流以下の民衆は経済の不振や生活の窮迫に直面し、「戦意」を低下させつつあったのです。

日中戦争本格後、一年を経過するころから「戦意」は高騰状態の維持と低調傾向の表面化という二様を呈するようになりました。「戦意」の維持では、三八年下半期について、「一般に事変に対する認識に漸次徹底し、特に憂慮すべき具体的事象なく、概《おおむ》ね順調に推移せり」（東部防衛司令部「昭和十三年度後半期思想情勢」同前）とされます。それでもよくみると、一九三八年後半からの史料に「跛行《はこう》景気（つりあいのとれない景気状態のこと）に対する不平不満」類の表現が頻出するようになります。それは、社会の底流に、戦争長期化にともなう歪み・矛盾の拡大からにじみ出る戦争継続への倦怠感・怨嗟《えんさ》が広がりつつあることを反映しています。銃後の諸問題が顕在化するなかで、帰還将兵の言動や応召遺家族の生活・風紀問題が焦点となりました。

一九四〇年から四一年の対米英開戦まで、次第に戦争倦怠・厭戦《えんせん》気分が高まり、「戦意」は

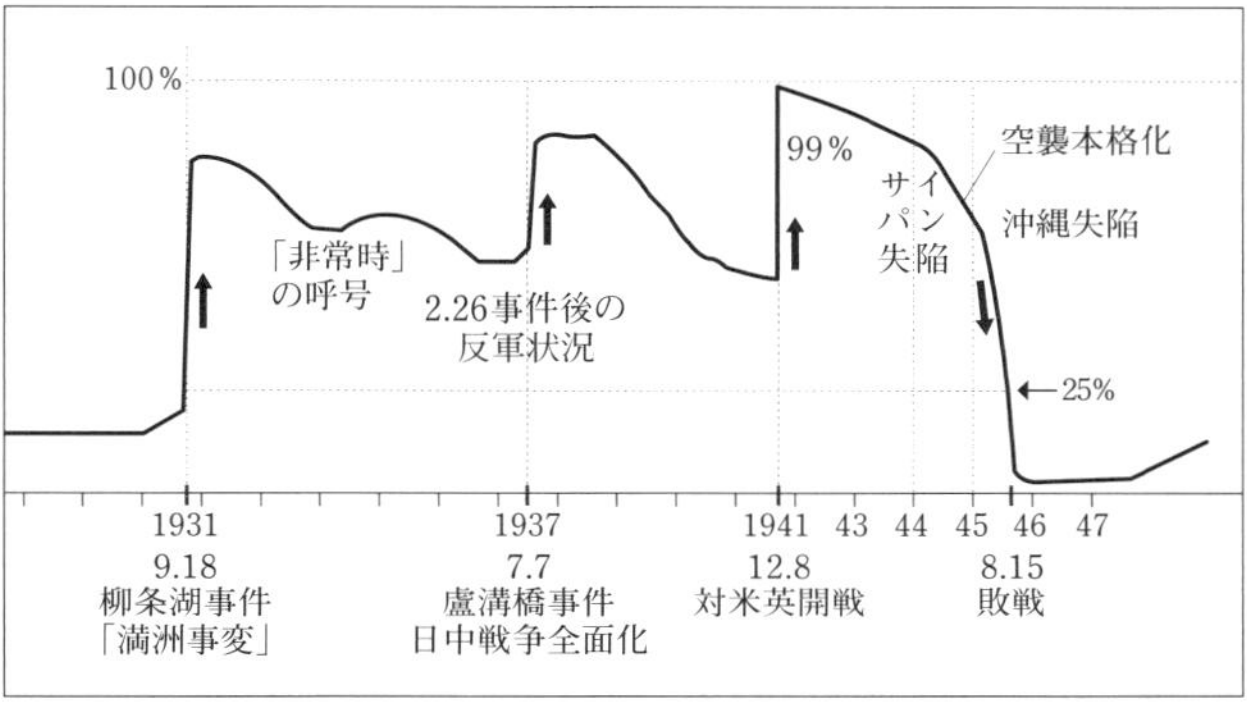

「戦意」推移の概念図（「戦意」の高さ〔相対的なものとして〕）

漸減していきました。「和平待望的気運」も醸成されてきました。愛媛県の「昭和十五年県政事務引継書」（『愛媛県史』資料編・近代4、一九八二年）では、「事変に対する楽観乃至倦怠感は銃後精神の弛緩的傾向を生じ、憂慮すべき状況にありたる」と述べています。

図のように、「戦意」の推移の過程を示してみました。満洲事変時と日中戦争全面化時の「戦意」の急騰がポイントですが、それを七〇％程度、八〇％程度としたのは、あくまでも目安にとどまります。まだその時点では、少数派ながら反戦反軍の運動は展開されていたからです。

一九四〇年前後の生徒の「戦意」

総力戦下の効果的な「国民の思想指導」の手がかりとするために、当時の各府県では生徒・教員らに対する大規模なアンケート＝「思想動向調査」を実施しています。国家観・戦争観・国際観・時局観・現状認識・人生観などを問うたもので、「戦意」の測定に応用することができます。これらは、前述した「教学錬成」教育の成果を反映しています。

一九四〇年、文部省社会教育局による徴兵検査時（二〇歳）の思想調査が二・八万人規模で実施されました。「諸君は支那事変についてどう考えていますか」の選択肢は、次の五つです。

1　事変に対する国民の覚悟がまだ十分でない様に思われます。
2　何時になったら事変が終るかわからないので、不安に思っています。
3　こんな大事変は相当長びくものと覚悟しなければならないと思います。
4　何のために戦争しているのか自分にははっきり判りません。
5　我等はどんなに苦しくても、戦争の目的を達するまで頑張らねばならないと思います。

この設問に対する集計の結果は「一切の犠牲と困苦に耐えて支那事変を遂行し、所期の目的を達成すべき決意を示した5の解答を選んでいる者が圧倒的に優位を占め、全壮丁の七八・三％にも達している」とされ、選択肢1と3を含めると全体の九六％に達しています。選択肢2

を選んだ〇・六％に対しては「かかる退嬰《たいえい》（しりごみして、引き下がること）的な、青年らしからざる怯懦《きょうだ》（臆病なこと）な態度を持つ壮丁が、尚も存在することは遺憾」とされるほか、4を選んだ〇・四％も「全く国民としての自覚を忘却している非国民的な態度」と酷評されています（文部省社会教育局『壮丁思想調査概況』一九四一年）。

静岡県では一九四〇年二月、師範学校・中学校・実業学校・高等女学校・青年学校・青年学校教員養成所など二七校の上級生徒三〇四四人に対して、匿名・自由記述の形式で、「国体意識、時局認識、時局下生徒としての覚悟等」について調査をおこなっています（『文部省思想統制関係資料集成』第一〇巻）。「東亜新秩序の建設とはどんなになることか」という設問には、「日本を盟主とする日満支一体関係の樹立」が四一％、「日満支一体の東洋平和、延いては世界平和」が三〇％、「東洋人の東洋たらしむること」が二〇％となっています。

次に、四一年七月に実施された埼玉県思想対策研究会の青年層思想調査をみてみます。青年学校・中等学校上級生の四三三九人を対象とし、農村・都市・工場青年・学校青年、さらに県の東西南北の四地区別に集計と分析がなされています（無記名）。第一問は次のようなもので、選択肢は「堅実」と「不堅実」が四つずつあります（『埼玉県青年層思想対策報告』一九四一年八月）。

聖戦既に四年、この間我が国内や世界の状勢にも大分変化があったが、諸君の気持や考え方にも相当変化があるであろう。自分の気持がどういう風に変っているかを反省し、次の諸例の中で、自分の気持に最も近いと思うもの一つを選び、その番号の上に○をつけよ。

1、段々冷静になり、吾々は自分の銃後の務《つとめ》を全《まっと》うしなければならぬと考えるようになった。

2、国の前途を憂えるようになり、一生懸命国家に尽さねばならぬと思うようになった。

3、初め皇軍の連勝に血湧き肉踊る思いがしたが、段々別に感興も湧かなくなった。

4、新体制に協力し、大いに頑張らねばならぬと思う。

5、初め有頂天になって喜んだが、段々元気がなくなり、不安になって来た。

6、早く事変が済んで、又前のような自由な時代が早く来ればいいと思う。

7、此の際吾々の生活を切詰めて、一層国防を強化しなければならぬと考えるに至った。

8、段々吾々の生活が困難になって来て苦しいと思うようになって来た。

これに対する集計をみると、解答7を選んだ者がもっとも多く、次が4を選び、この二つで全体の約四分の三を占めます。「不堅実」な解答では6の七六人がもっとも多く、次が3の五八人です。調査全体を通じて、「全調査人員の約九十パーセントが現在の我が国青年として堅実にして、積極的なる思想の所有者であり、約九パーセントは不堅実なる意識の包懐者であるか、或は少くともその意識に消極的な点、不鮮明な点を含む」と概括しています。県文教当局にとって、この約一割の「不堅実」者の処置と「堅実」者中の四割強の「積極的なる意識」をもたない層への働きかけが新たな課題となりました。「教学錬成」にさらに拍車がかかります。

第二章　戦時体制の展開と崩壊
——どのように治安体制はアジア太平洋戦争を可能としたのか

アジア太平洋戦争の開戦直後、国民の戦意は九九％に達し、動員されずとも戦勝祈願の神社参拝や提灯《ちょうちん》行列が至るところでおこなわれました。長期化し泥沼状態に陥った日中戦争の成り行きにうんざりしていた国民は、大国アメリカとの戦いに不安を感じつつも、緒戦の大勝利に酔いしれ、また南方の新たな「権益」獲得の機会到来と意気込みます。その後、一九四四年前半まで、戦意はそのまま高水準で維持されました（荻野『「戦意」の推移——国民の戦争支持・協力』校倉書房、二〇一四年）。

開戦の方向が固まった一九四一年一一月二日の東条英機首相らの上奏において、開戦の名目はなお「研究中」（参謀本部編『杉山メモ』原書房、一九六七年）であり、まして戦争の終結については ドイツの攻勢による英米の休戦を待望するという他力本願でした。それは、大国アメリカを敵とするうえでまったく不十分な戦略しか持たず、一か八かの決戦を挑んだということを意味します。そして、文字通り国力のすべてをつぎ込む総力戦に臨むことになったために、国民の戦争動員にはきわめて大きな負荷がかかることになり、その無理強いと矛盾が政府・軍への批判となって噴出することが予想されました。したがって、対米英戦の遂行のためには、それまで以上に戦争を否定視・疑問視する言動を萌芽《ほうが》のうちにつみとり、その根までもえぐり出すことが求められました。

この章では、アジア太平洋戦争の遂行にあたり、治安体制がその運用のギアを一挙に数段あげて、戦争反対・批判から厭戦的気運までを一掃することに加えて、国民生活のあらゆる面に統制と動員を図っていったことについて述べます。

治安対策の徹底へ

一九四一年一二月八日の対米英開戦直後、東条英機首相は「本戦争の勝敗は一に高度国防国家体制の完成の如何《いかん》に懸《かか》る」という観点から、「刻下の急務」として「国民生活の確保と其志気の昂揚《こうよう》」の対策を各省に求めました（「公文別録」一九四一年・内閣三、国立公文書館所蔵）。四二年九月の「中国、四国ブロック特高実務研究会」で、ある警保局の官僚は「昨年に比して〔思想犯罪の〕検挙が減って居《お》ります。首相からも内務大臣に今年はもうないのかと申されて居る」(『特高警察関係資料集成』第二六巻)という指示があったと伝えています。

四三年九月一〇日の閣議で、東条首相は「一億の足並を揃えて戦争に勝つ如く法律を解釈し運用してゆかねばならぬ。(略)内務省、司法省はしっかりしなければならぬ。どうしてもだめの時にはピシリと考えねばならぬ」(「東條英機大将言行録(廣橋メモ)」、伊藤隆ほか編『東條内閣総理大臣機密記録』東京大学出版会、一九九〇年)と述べています。さらに四四年二月、臨時司法長官会同に東条首相は異例にも出席し、「悪質なる経済犯罪は、真剣なる国民大衆の士気を阻《そ》喪《そう》せしめ、ややともすれば厭戦思想を醸成する」として、「必勝のための司法権行使」を強く迫りました(『法律新聞』一九四四年三月五日)。このように、東条は自ら治安当局を叱《しっ》咤《た》し、取締りの厳重化を迫りました。東条は一時内相を兼務したこともあるほか、かつての関東憲兵隊司令官時代の子飼いの部下を憲兵司令官や東京憲兵隊長などに配置し、東条独裁の手足としました。

一九四四年七月、東条内閣から小磯国昭内閣に代わると、翌月、決戦体制構築のための治安対策要綱である「総動員警備要綱」が策定されました(『特高警察関係資料集成』第三七巻)。「治安維持」の項では、「非常事態に対処する国政一般の運用に即応し、社会人心の不安を除き、国論を統一し、政府及陸海軍に全幅の信頼を懸《か》けしめ」という方針を示し、「流言蜚語の取締」「要視察人及要注意人に対する措置」「怠業、罷業其の他重要生産阻害行為の取締」などを列挙しています。「空襲警備」と並んで「騒擾警備」の規定があるのは、米騒動的な国内騒擾が引き起こされることへの現実的な恐れを痛感しているからです。

内務省では、この「要綱」にもとづき「内務省総動員警備計画」を作成します（一〇月）。そこでは要視察人らに対して査察を徹底するほか、「進んで視察線外に在る反戦、反軍其の他不穏策動を為す虞ある者」の発見に努める、としていました。

治安維持法の再改正へ

日中戦争の長期化とともに治安体制の厳重化の要請は強まり、治安維持法の再改正を実現させていきます。特高警察はその拡張解釈にためらうことはありませんが、法の厳密性を尊ぶとされる司法官僚にとっては、治安維持法の拡張解釈が限界に達していると感じられるようになりました。

一九三八年六月の思想実務家会同では、「現行治安維持法を以て現在の思想運動を取締ろうと致しまするのは、恰《あたか》も真直なる物尺を以て曲りくねった材木を計ろうとするに等しく、其の不便なことは誠に想像に余りがある」として「改正」を求める要望が出されました。（『思想実務家会同議事録』、『思想研究資料特輯』第四五号）また、『新法学全集』の一冊として『治安維持法』（一九三九年）を執筆した思想検察のエース格の池田克《かつ》は、冒頭で「其の適用範囲は年毎《としごと》に拡大され来たり、今や解釈運用の限界点に到達し」と述べています。一九四〇年五月の思想実務家会同でも、ある思想検事は「無理に有らゆる方面から証拠を蒐集して（略）治安維持法の解釈を最大限度に拡張して、辛《かろ》うじて時代の要求に応じて居る状態」と運用上の苦心を語ります（『思想実務家会同議事録』、『思想研究資料特輯』第七九号）。

これらからは当事者が自認するように、いかに治安維持法の拡張解釈がはなはだしかったかがわかりますが、その解消の方向は、拡張・濫用されつくした治安維持法の運用の実態に合わせて法の「改正」をおこなうという本末転倒ぶりでした。

司法省を中心に立案された「改正」案は、一九四一年三月、無修正で成立し、五月から施行となります。議会審議ではほとんど異論が出されませんでした。条文数は七条から六五条へと大幅に増加して格段に威力を増し、もはや新治安維持法と呼ぶべきものとなりました。

司法省では改正時の現状について、「運動形態は従来の統一的組織的態様より分散的個別的態様に移行し、且党の目的遂行のためにする活動より一転して、党の組織再建準備又は党的気運の醸成のための活動に終始するに至りたり」とみなします。「現行法の不備なる点」として、

「支援結社に関する処罰規定を欠如せること」「準備結社に関する処罰規定を欠如せること」「結社に非《あら》ざる集団に関する処罰規定を欠如せること」などをあげていました（司法省『改正治安維持法説明書〈案〉』一九四一年三月）。これらが新治安維持法の「第一章　罪」に盛り込まれました。しかも、それぞれについて目的遂行の処罰も規定されたわけですから、「国体」に反すると考えられる可能性のすべてを網羅したといっても過言ではありません。「集団」の場合、「結社性を認め得る読書会、研究会の如く、集会宣伝啓蒙等の方法に依り党的気運の醸成に努むると共に、共産主義者を養成結集して党再建に資するが如き行為を担当せるものをも包含する趣旨」とされます。

また、第七条で「国体」の否定と「神宮若《もしく》は皇室の尊厳を冒瀆《ぼうとく》すべき事項」の流布が、第八条ではそれぞれの目的遂行の処罰が新たに規定され、宗教運動の取締りが飛躍的に容易になりました。

第二章は「刑事手続」の規定です。ほぼ同時に成立した国防保安法とともに、控訴審を省略して二審制とするほか、検事に強制捜査権を付与することや弁護権の各種の制限、手続きの簡素化などが規定されました。

第三章は「予防拘禁」の規定です。一九四〇年ごろから、共産党指導者のなかで懲役一〇年の刑を科されても非転向で出所してくる人たちが出てきます。すでに運動を展開する余地はなくなっているのですが、その存在を社会に野放しにするのは危険と考えて、依然として共産主義思想をもっているというだけで予防拘禁するという、処罰体系を逸脱した制度を作りました。予防拘禁は非転向者を社会から隔離しておくことと、思想を入れ替えさせて日本精神に立ち返らせるという二つの目的を有していました。二年ごとの更新を可能としました。これは朝鮮では日本国内よりも先行して実施されました。

新治安維持法の猛威

一九四一年四月、新治安維持法の運用を徹底するために臨時思想実務家会同が召集されました。そこで名古屋控訴院検事局の思想検事は「法益及現状の重大並立法理由に鑑み」として、「最高度の早期検挙」の断行、「犯罪をして常に最高限度未遂の域を越さざらしめ」ることなどをあげ、「一網打尽、以て抜本塞源〔災いのもとを取り除くこと〕の実績を挙ぐること」を提言しています。なお、その際に「人権を極力尊重し」としていることは、運用の実態とあまりにかけ離れているので理解に苦しみますが（『臨時思想実務家会同議事録』、『思想研究資料特輯』第八八号）。これは、反・非「国体」的言動とみなせば、地表上にあらわれた萌芽にとどまらず、地中の根の部分をもえぐり出そうという究極の予防的取締りを意味します。

実際には、「読書会、研究会」程度のものが厳罰の対象となりました。『日本イデオロギー論』などで知られる哲学者戸坂潤を中心とする唯物論研究会事件（第一次一斉検挙は一九三八年一一月）に対する一九四四年四月の判決では、研究会を「支援結社」とみなし、その組織化が日本共産党・コミンテルンの「目的遂行」行為にあたると認定されました[11]。かつてのように、「結局の所」や「窮極に於て」などの飛躍の論理を用いる必要がなくなったのです。

もちろん、特高警察による検挙においても同様です。一九四一年の検挙数は対米英開戦直後に一斉検挙がおこなわれましたので一〇〇〇人を超えますが、翌年からは五〇〇人前後が検挙されていきます。運用の中心は新たに拡張された目的遂行によるものです。

「予防拘禁」については一九四一年一二月末に東京予防拘禁所が開所し、四五年五月までに六五人が収容されましたが、当初の想定人員を下回りました。共産主義者が大部分でしたが、宗教者もいました。朝鮮では四四年九月までに八九人が収容されています。いずれも敗戦後に解

11　判決には、「改正治安維持法第二条に所謂《いわゆる》結社を支援すと為すには、主観的に被支援結社を支援するを以て足り、其の支援結社と被支援結社との間に客観的に組織上の関連あることを要せざるものとす」とあります。

放されるまで、一人もこの拘禁に屈して思想の入れ替えをした人、つまり転向した人はいません。社会からの隔離という目的は果たしましたが、思想の入れ替えには失敗したのです。

「満洲国」の治安維持法

第一章で傀儡国家「満洲国」における「暫行懲治叛徒法」と「暫行懲治盗匪法」が、反満抗日運動弾圧のために猛威を振るったことをみました。アジア太平洋戦争開戦直後の一九四一年一二月二七日、日本の新治安維持法を母法として、「満洲国」治安維持法が制定・施行されました。第一条は、次のようになっています。

> 第一条　国体を変革することを目的として団体を結成したる者、又は団体の謀議に参与し、若は指導を為し、其の他団体の要務を掌理したる者は死刑又は無期徒刑に処す。情を知りて前項の団体に参加したる者、又は団体の目的遂行の為にする行為を為したる者は死刑又は無期若は十年以上の徒刑に処す。

「徒刑」とは懲役刑のことです。この場合の「国体」とは「満洲国」の「国体」です。皇帝溥《ふ》儀《ぎ》の「国体」護持を名目としました。この「満洲国」治安維持法の意図を具体的に示すのが、「満洲国」司法部に出向していた飯守重任《いいもりしげとう》の次のような撫順戦犯管理所での供述です（一九五四年六月、中央档案館・中国第二歴史档案館・吉林省社会科学院編『東北「大討伐」』一九九一年）。

この法律の立法目的は、一九四一年に八路軍が熱河を解放するため、偽満（「満洲国」のこと）を襲撃したということで、関東軍の侵略行動の効果を収め、偽満の治安を回復するという目的に達するため、八路軍の作戦に協力した愛国人民を迅速に処置しなければならなくなったからである。……特別治安庭を設置する際、関東軍は熱河の愛国人民に対して軍法審判で軍が処理するより、裁判事務に詳しい裁判所で審判した方が、裁判の間違いを減らすことができるだけでなく、民心を安定させることができそうだと考えた。

「満洲国」治安維持法の運用実態を示すものとして、「満洲国」警務総局特務処編『特務彙報』第四号の「特高関係主なる検挙者一覧表（共産党関係）」があります。一九四三年一月から三月までの三カ月間で、八九〇〇人以上が検挙されたことがわかります。一つの事件で五〇〇〇人以上が一挙に検挙されたものもあります（『治安維持法関係資料集』第四巻）。これらを「特別治安庭」という一審のみの裁判に付すわけですから、一〇〇人余りを一度に処理してしまうという乱暴ぶりです。

反満抗日運動の激化に対する「熱河粛清工作」に関して、錦州高等法院次長の横山光彦《てるひこ》は「熱河地区に屢々《しばしば》大検挙を行い、日本帝国主義軍隊、憲兵隊、特務、司法警察、検察庁、法院の全能力を挙げて数千数万に上る革命志士及愛国人民を逮捕し、数千名を高等検察庁を経て高等法院に起訴し、其治安庭又は特別治安庭に於て判決を以て惨殺、弾圧を宣告したのでありす」と供述しています（新井利男・藤原彰編『侵略の証言』岩波書店、一九九九年）。

この横山の「供述」を裏づけるものとして、先の飯守重任の「いわゆる熱河粛正工作に於いてのみでも、中国人民解放軍に協力した愛国人民を一千七百名も死刑に処し、約二千六百名の愛国人民を無期懲役その他の重刑に処している」という別の証言があります（「カトリック教徒たる親友に宛てた手紙」、『アカハタ』一九六〇年八月一二日付）。ただし、このあと飯守は日本に帰って「供述はウソだった」とひるがえします。

なお、一九四三年九月、「満洲国」は「予防拘禁」と「保護監察」を実施するために「思想矯正法」を公布・施行しました。

南方軍政下においても、抗日ゲリラ運動への取締り策の一つとして、治安維持法に準じた治安法令が制定されました。一九四三年二月、マライ・スマトラ方面軍の制定した「治安維持令」第一条は、「帝国軍の占領地に於ける統治を紊乱することを目的として集団を結成したる者、又は集団の役員、其の他指導者たる任務に従事したる者は、死刑に処す」（昭南軍政監部『富公報』第二号、倉沢愛子編『南方軍政関係資料』第一巻、竜渓書舎、一九九〇年）となっています。

四三年八月分の馬来軍政監部「戦時月報」によれば、同月の管内高等法院での治安維持令の「処理」数（一審制）は六四件、三〇四人で、大部分が「支那人」、つまり抗日の華僑《かきょう》です。罪名別では「統治紊乱集団結成」の指導・加入・支援などで、おそらくほとんどが死刑判決と推測されます。二月の施行以来、一〇月末までの累計は二六九件、一二二九人におよびます（一一月分の「戦時月報」、防衛研究所図書館所蔵）。「満洲国」の場合と同様に形式的な司法処分をも駆使して、抗日運動を弾圧しました。

このようにみてくると、治安維持法は国内でも悪法にほかならないのですが、傀儡国家や占領地域においてはそれに何重にも輪をかけた、想像を絶するほどの悪法でした。

軍隊と経済戦

平時における軍隊の役割の一つは、第一章で見たように「沈黙の威圧」を振りまき、「権益」獲得を支えることにありました。戦時における役割は武力戦の勝利による占領地域の拡大と軍事支配の安定を第一義としますが、戦時にあっても大半の時間は駐屯や巡回警備、巡航警備に割かれます。その駐屯や巡回警備などが必要とされるのは、軍事的な要衝という理由のほかに、重要な国防資源や市場の確保という経済的な意味も大きいはずです。

アジア太平洋戦争は、「大東亜共栄圏」確立という経済戦の側面をもっていました。一九四一年一一月二〇日に制定された「南方占領地行政実施要領」において、まず軍政を実施し、「治安の恢復《かいふく》、重要国防資源の急速獲得及作戦軍の自活確保」の三原則が目指されたことを想起すれば、それは一目瞭然《いちもくりようぜん》です。

野戦憲兵といえる中国派遣の憲兵にとっても、役割のなかに経済戦における勝利への貢献が加わります。[12] 北京憲兵隊のある曹長は「北支那経済戦断想」（『憲友特号』第八号、一九四四年五月）という文章のなかで、「北支の地位は共栄圏の何処よりも枢要」として、北支那派遣憲兵隊の任務は「我戦力の増強、華北一億の経済安定等」にかかわり、「経済警察的範囲に止まらず、軍の企図する諸施策への推進上、協力を致しつつある」と論じました。「軍需資材を可急的に増産し、増送」することが急務とされ、そのためには「民生の安定」が不可欠となりました。民需を犠牲にして軍需を増産し、それらを日本に移送すれば、必然的に中国民衆の生活が困窮して治安が不安定になりますが、それらを見越して力で「民生の安定」を図ろうとしたのです。そのために「北支に於ける憲兵は敵側実在勢力の剔抉《てきけつ》（あばき出すこと）に挺身すると共に、経済戦の分野に於ても大いなる構想をもって、諸施策を遂行しつつある」と位置づけられました。

また、石門憲兵隊（石家荘）の憲兵少尉は「物価問題解決策と之に伴う敵側謀略の警防対策に就て」（『憲友特号』第一〇号、一九四四年七月）を論じています。『憲友特号』という憲兵内部の極秘扱いの雑誌ゆえにか、「中国参戦の意義は畢竟《ひっきょう》するに経済的寄与でなければならぬ。即《すなわ》ち中国の持つ資源をより多く日本に送り、それに依て日本の戦争能力を向上させることが中国の現在に於ける可能且唯一の参戦手段」と、きわめて明確です。日本の支配下におく中国の役割を「国防重要資源の対日増供」と断言しました。その目標の実現に向けて、経済統制の厳重化から生じる「売惜しみ、買溜め」や物価騰貴の防止、流言蜚語の取締りなどの日常の憲兵活

12　笠原十九司『日中戦争全史』下（高文研、二〇一七年）は、アジア太平洋戦争への突入が日中戦争の性格を大きく変質させたとして、「日本が総力戦としてのアジア太平洋戦争を戦うための食糧・資源・労働力などを収奪して供出させる総兵站《へいたん》基地の役割を中国戦場に課した」と指摘します。

動が「経済戦」として意義づけられました。

ここにも、多喜二のいう「帝国軍隊――財閥――国際関係」という「一本の糸」のつながりを見出《みいだ》すことができます。

「横浜事件」のフレームアップ

ここから、また国内の戦時治安体制の諸相を概観します。まず、戦時下の新治安維持法による最大の弾圧事件となった「横浜事件」です。その発端の一つは、神奈川県警察部特高課による一九四二年九月の川田寿・定子夫妻の検挙でした。「米国経由の対内地共産主義運動」（後述の神奈川県警察部「横浜事件関係者一斉検挙の経緯」）に対する警戒網にからめとられたこの検挙は、「米国共産党員事件」と名づけられ、そこから引き出された〝つる〟は川田寿の「人的関連」を手がかりに、四三年一月の「世界経済調査会事件」、五月の「ソ連事情調査会事件」へと伸びていきました。

一方で、細川嘉六《かろく》を中心とするグループが「共産党の再建を企図して、自己に接近する之等《これら》の左翼グループを漸次其の傘下に絡めようとしていた」（一九四四年一月、警保局保安課長「治安状況に於て」、『特高警察関係資料集成』第二五巻）という見取り図が描かれ、「日本共産党再建準備会」を主軸とする事件像にまとめあげられていきました。「愛政グループ事件」は工場労働者の左翼化を目指すものであり、四四年一月の『改造』『中央公論』関係者の一斉検挙では雑誌編集や出版物を通じて「左翼運動」を展開していたという構図です。四五年五月検挙の岩波書店編集者の小林勇の場合、「出版物を通じ一般大衆の左翼意識の高揚啓蒙を企図し、岩波新書其の他の刊行物を通じて共産主義運動を為し居りたるもの」（「特高月報」四五年上半期原稿、明石博隆・松浦総三編『昭和特高弾圧史』2、太平出版社、一九七五年）という途方もない容疑となっています。

個々別々の事件をえぐり出し、それらを「全体として一つの大きな組織」にまとめあげていく、それが「横浜事件」の虚構にほかなりませんでした。

それには司法省も同調をしていました。一九四四年一月二六日の衆議院本会議の秘密会において司法省刑事局長の池田克は、共産党の再建と拡大強化を最近の「中心的な流れ」とみて、「細川嘉六を中心として、共産党の組織の再建準備運動が行われて居た」と説明しました（『帝国議会衆議院秘密会議事速記録集』）。

富山県泊における「党再建準備会」結成の経緯は、次のようなものとされています（一九四四年一二月二九日付の細川らに対する横浜地裁予審終結の決定、笹下《ささげ》同志会編『横浜事件資料集』東京ルリエール、一九八六年)。

〔一九四一年七月五日〕被告人細川嘉六が中心となり、当面の客観情勢に対処すべき方策に付鳩首協議したるが席上、右平館利雄より内外の客観情勢は我国に於ける「ブルジョア」民主主義革命の機運を益々醸成せしめつつありて、革命の主体的条件たる日本共産党〔略称「党」〕の衰微弱体化せるを急速に復興再建せしむる為の運動の展開こそ焦眉の急務なるを以て、該運動の指導体として所謂「党再建準備会」なる秘密「グループ」を結成し、之を速《すみやか》に拡大強化して、同「党」の中心勢力たらしむべきことを提唱したるに対し、被告人細川嘉六を初め其の他の者も一同之に賛同して、茲《ここ》に右「グループ」の結成を決定

こうした筋書きの大半は神奈川県特高警察が描き、その線にそって拷問を多用して「自白」を引き出し、あるいは捏造《ねつぞう》したものです。「党再建準備会」結成後の活動と検挙の経過は、神奈川県特高課「横浜事件関係者一斉検挙の経緯」〔仮題〕(一九四五年二月以降、「返還文書」国立公文書館所蔵)で、次のように描かれています。

今次中核体たる日本共産党再建準備会の結成を見るや、急遽《きゅうきょ》社内共産主義分子を糾合《きゅうごう》結集に努むるの外、各種言論機関に横断的組織を結成し、党活動に即応し不逞なる目的達成の為め、報導《ママ》宣伝機能の左翼的発展飛躍を企図狂奔中、検挙せられ、之等中核分子の検挙取調を通じ、多年国民思想赤化の温床的存在として我がジャーナリズムに君臨し来れる「改造」「中央公論」両誌の左翼的実相と、其の基盤たる社内編輯部員の自主的組織の存在を剔抉暴露し得るに至り、昭和十九年一月、両社の編輯長以下社内共産主義分子の一斉検挙を断行し、之が組織を覆滅《ふくめつ》〔完全に滅ぼすこと〕せしむるに至りたり。

神奈川県特高警察は、各事件を「共産党再建準備会」にすべて結びつけようと、「全機能を挙げて全霊を傾けて、徹底的なる取調べと捜査に当た」った結果、「横浜事件」の虚構へと暴走していったのです。その苦心を強調するために、「被疑者は孰《いず》れも稀《まれ》に見る尖鋭共産主義者として革命的信念を絶対堅持し、容易に取調に応ぜざるのみならず、其の運動方法は巧妙巧緻を極め、物的証拠の存置を避けて、専《もっぱ》ら口頭連絡に依るを原則とし、同志的信頼を基調とせる結果を遂げ居り」と述べる箇所もあります（「横浜事件関係者一斉検挙の経緯」）。一九四四年七月には中央公論社と改造社が解散を強要されました。しかし、四五年の敗戦直後の狼狽《ろうばい》した形式的な有罪判決においては、この「共産党再建準備会」は雲散霧消してしまいました。
　進行する戦争に対する客観的・合理的な分析や批判を遂行しようとした点で、被疑者とされた多くが固い信念をもっていたことは確かです。一九四二年一月に発足した高木健次郎・板井庄作らの「政治経済研究会」は、「現下に於ける我国の客観情勢並に其の戦力を判断し」（警保局保安課「最近の左翼事件に鑑み注意を要する事項」四三年一一月）ようとしていました。また、中央公論社の編集者木村亨が企画・編集した『支那問題辞典』（細川監修、尾崎秀実《ほつみ》協力、一九四二年三月刊）は、「正確なる支那の認識、支那の実体把握の急務」（「刊行のことば」尾崎執筆）を目指したものでした。

「思想清浄」

　新治安維持法を手にした特高警察や憲兵は、反戦運動はいうまでもなく、厭戦的・批判的言動とみなしたものを「共産主義運動」「民族独立運動」取締りの名のもとに地表下からもえぐり出すことに狂奔します。
　一九四二年一二月、長野県特高課の作成した「共産主義運動の視察取締に就て」（『特高警察関係資料集成』第五巻）をみると、特高警察の使命を「国家総力戦に於ける思想的防衛陣、治安確保線」と位置づけ、次のような取締り観を展開していました。

平時ならば警察の対象となるべきは行動であって思想ではないと云う様な呑気《のんき》な時代離れのした事を考えるのも許されたか知らぬが、現在の情勢下に於ては左翼思想其のものを正面から問題として取り上げ、例《ママ》え其れが運動としての程度に成長し居らなくても、其の葉を枯らし、根を掘って剿滅《そうめつ》しなければならぬ。法律に於て予防拘禁制の創設に依って思想其のものが問題とされるに至った、まして特高警察の立場は其れよりも二歩も三歩も歩んだ立場から思想の動向と対策を考えなければならない。

戦時下であることや新治安維持法により予防拘禁制が創設されたことを理由に、「左翼思想其のもの」の予防的な取締りを強く求めています。ついで、実際の検挙事件を「非合法本位の形態」「合法場面利用の形態」「合法非合法結合形態」の三つに分類しています。このうち「当面一番注意を要すべき」ものが三番目の形態で、生活主義教育運動や「企画院グループ」事件などを挙げています。これらは「公然と国策に便乗し、之を推進することを標榜しながら、秘《ひそ》かに自己の勢力を団体に植付けて他日に備えると云う、極めて漸進的な堅実な方法が採られて居る」と分析しました。なお、二番目の「合法場面利用の形態」とされるのは、唯物論研究会や村山知義・久保栄・滝沢修らの新劇関係者の検挙などです。
こうした取締り観の行きついたものとして、「思想清浄」あるいは「思想洗浄」がありました。それは「横浜事件」の場合にも言えますが、ほぼ同時期の弾圧であった関東憲兵隊による満鉄調査部事件に見ることができます。満鉄調査部という再就職先での思想「転向者」たちの存在そのものが対象となったという意味で、アジア太平洋戦争下の弾圧の究極の目的がどこにあったかを、第二次検挙組の一人石堂清倫《きよとも》の証言は示唆してくれます（井村哲郎編『満鉄調査部――関係者の証言』アジア経済研究所、一九九六年）。

私は長いあいだそれを誤解していまして、憲兵隊や検察官の取り調べのときにもなにもやっていないと抗弁しました。けれども、それを向こうの方ではせせら笑って取り上げない。彼らはこう言うのです。君たちの考えはまったく甘いものだ。今はもうなにもやれないことは、こちらが百も承知している。しかしこの国家非常の時局に銃後を固める当局としては、将来万一のときにお前たちがなにかをやるにきまっているような精神構造そのものを問題にするのだ。その点から見ると、お前たちの抗弁する態度自体が大いに危険なのだ。行為にたいしてだけ罪を問われると思うのは間違いである。すすんで服罪して同胞の警戒心をたかめることが求められているのだ、ということであったと思います。そういうことを憲兵隊でも検察庁でも放言しておりました。

戦争遂行体制の確保にあたり、「抗弁する態度自体」が問題視され、その一掃が図られたのです。関東憲兵隊司令部編『在満日系共産主義運動』(一九四四年)の冒頭「緒言」には、取調べの態度として「熱誠と温遇を以て彼等の迷蒙を解き、皇民意識に大悟して思想清算への努力を誓約せしめ」とあります。天皇と国家に帰一する「精神」「態度」にまで完全に転向することが求められ、そのためには「思想洗浄」「思想清算」が必須とされたのです。そこからは、社会全体の「思想洗浄」が導かれます。

拷問

何重にも処罰の範囲を拡張した新治安維持法の下で、特高警察は「全機能を挙げて全霊を傾けて、徹底的なる取調べと捜査に当た」りましたので、地表下からえぐり出されたものを立件していくためには、激しい拷問で「自白」を引き出すことが一般化しました。「横浜事件」に

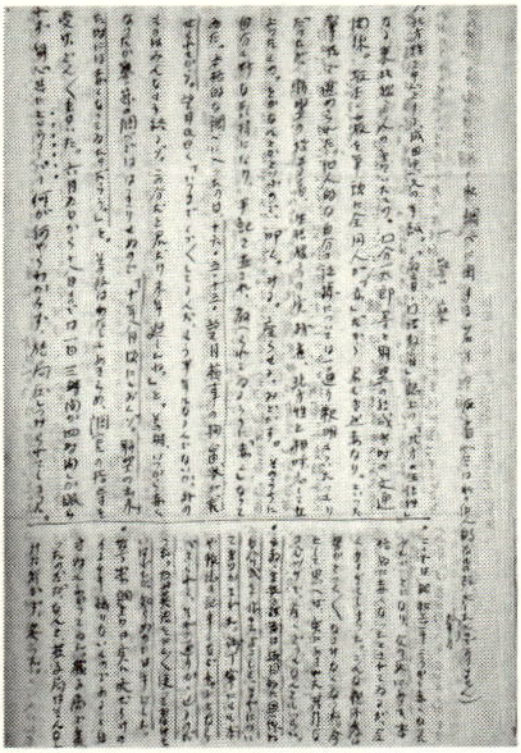

松田文次郎「獄中メモ」（北海道立文学館所蔵）

限ったことではありませんが、特高警察により「共産主義運動」の実践やスパイとみなされた戦時下の事件の取調べでなされた、「小林多喜二の二の舞を覚悟しろ！」（木村亨『横浜事件の真相』筑摩書房、一九八二年）などの威嚇は、残虐な拷問の開始を予告するものであり、死の恐怖を与えるものでした。

北海道の綴方《つづりかた》教育連盟事件での拷問の実態が、松田文次郎の獄中メモ「取調べに関する若干の反省」で明らかになりました。小学校教員だった松田は起訴され、拘置所で公判を待つ間（一九四二年六月から一二月）のメモに、特高警察による取調べの際、「自分の証拠については一通り釈明もついたつもりだったが（略）叩く。ける。座らせる。おどかす。そのうちに自分も妙な気持になり、手記を直され、教えられているうちに「赤く」なっていた」（佐竹直子『獄中メモは問う』北海道新聞社、二〇一四年）と書いています。メモは、公判を担当する弁護士に実情を知ってもらうために密《ひそ》かに書かれました。紙や筆記用具の入手も、それを拘置所から持ち出すことも通常ではできなかったはずですが、看守の協力があってのことだったと思われます。

思想検事の取調べでも、「いつまでぐずぐずしてるんだ。もう半年もなるんでないか。外のものはみんなもう終るゾ。この分だと君だけ来年廻しだね」と迫られ、「一日三時間か四時間しか眠られず身心共にヒロウコンパイ何が何やらわからず、結局圧《お》しつけられてしまった」ことも書いています。拷問は特高警察による肉体的な暴力だけにとどまらず、思想検事による威嚇・誘導などの精神的拷問によって正常な判断力を失わせることもありました[13]。

1939年6月8日「心の会」発足の記念写真。前列右端に宮澤弘幸、左にレーン夫妻。太黒宅にて。『引き裂かれた青春』より

対米英開戦時の非常措置で一斉検挙された北海道大学の英語教師レーン夫妻と学生の宮澤弘幸らは軍機保護法違反のスパイ容疑を問われ、取調べで激しい拷問を加えられました。警察をたらいまわしされるなかで、「両足首を麻縄で縛られ、逆さに吊《つ》るされて殴られた、両手を後ろに縛られて、それに棒を差し込んでいたみつけられた」という戦後の宮澤の言葉を、妹が聞き取っていました（北大生・宮澤弘幸「スパイ冤罪事件」の真相を広める会編

『引き裂かれた青春──戦争と国家秘密』花伝社、二〇一四年)。

宮澤は「警察検事廷に於ては強制せられて、恰《あた》かも故意を以て軍事上の秘密を探知せんと企てたるが如く供述したれども、そは真意にあらず、又事実にあらず」(大審院判決に引用されている弁護側提出の上告趣意書)と公判で暴露しました。この「強制」は拷問にほかなりません。なお、大審院では軍事上の秘密を探知した事実は動かし難いのだから、拷問による強制があったかどうかは問題にならないと退け、軍機保護法の処罰としては異例に重い懲役一五年の判決を下しました。

このように戦時下における思想犯罪では日常的に拷問がおこなわれましたが、当時にあっても拷問はタテマエ上は違法なものであったため、特高側の文書にその痕跡が残ることはほとんどありません。それと比べると、抗日運動を対象とする関東憲兵隊や中国戦線・南方戦線の憲兵隊の場合は、拷問が不可欠な手段であることを憲兵教育用のテキストなどに明記していました。

支那駐屯憲兵隊教習隊の教材『滅共実務教案』(一九四一年)には、取調べにおいて「緩厳の用法」が肝要とあります。そのうち「峻烈」とは、「所有《あらゆる》苦痛を感受せしむる方法に依る取調」を意味し、「最も有効」とします(ほかに「温情」と「詐術」があります)。一九四一年四月の支那駐屯憲兵隊教習隊の司法課報防諜専習下士官現地演習では、「共産党員取調要領」を問う質問に、演習参加者は「拷問は特別のものに限るも、手段方法を研究するを要す」「老人又は気の弱き党員には多少肉体的苦痛により自白せしむるを可とすることあり」（『剿共《そうきょう》司法図上対策及現地演習記事』防衛研究所図書館所蔵）などと答えています。

また、昭南（シンガポール）憲兵隊の大西覚中尉は講話「占領地に於ける密偵の使用法」において、「逆用密偵」がもっとも重要で有効として、獲得法として二つの懐柔法をあげています。そのうち「剛を以て懐柔するもの」は、「徹底的に威圧威嚇を加え、或は逆用可能なりと認むる者を惨虐なる場面を実視せしめ、然《しか》る後、助命を条件として逆用するもの等」という、明らかに拷問を活用したものでした（『憲友特号』第一〇号、一九四四年七月）。これらの事例は、

13　もう一人の綴方教育連盟事件関係者の小坂佐久馬も弁護士に宛てたメモのなかで、次のように書いています（『小坂佐久馬文集——私の国語人生』一九八六年）。
「みんなが、すっかり、赤に捏《で》っち上げられ、坂本や小生に就いてもヒドイ供述をさせられていたため、それ等がみんな責め道具として使われ、真実を主張すればする程、不当な圧迫、威嚇、悪どい詐謀、時には拷問で報いられ、「流石《さすが》は聯盟《れんめい》の首謀者、中心人物指導者だけあって、ズルイ、強情だ、」で、ヒドイ目に逢って来ました。（略）弁解は全く封じられ、有利な証拠は抹殺され、そして、無理押し、とコジ付と謀略と捏造、威嚇と恐迫等々で、みんな、身に覚えの無い、主義の信奉、実践と、左翼一色に塗りつぶされてしまった」

実際の取調べ時の経験の蓄積から抽出された拷問に関するノウハウでした。

流言蜚語の取締り

アジア太平洋戦争下、治安確保を目指して戦時諸法令の整備が進捗します。なかでも開戦直後の一九四一年一二月二一日に施行された「言論、出版、集会、結社等臨時取締法」が注目されます。これは戦時下国内の安寧秩序保持のためとして政事結社・政事集会・屋外集会・多衆運動や出版物の新規発行を許可制とするほか、現行法規に比べて刑罰を大幅に加重しました。また、流言蜚語の取締りが規定され、その運用は戦時下の国民の言動・生活に深くかかわりました。

一九四五年度の司法省作成の『言論出版集会結社等臨時取締法違反事件報告書』(「旧陸海軍関係文書」)が残っています。各検事局などからの報告をまとめたもので、「敗戦」に関するものが圧倒的に多く、ついで「空襲」「官民離間」などとつづきます。

「敗戦」　戦争がこんな事になったのは軍の遣《や》り方《かた》が悪いからだ、現在は戦争は明《あきらか》に負けて居るのだ、こんな状態では先の事は判《わか》らない、俺は戦争なんか負けても勝ってもそんな事は構わない、美味《うま》いものでも食って好きな事をして居るのだ（四五年二月ごろ検挙、四月二一日判決確定　略式命令罰金一五〇円　保険外交員　六二歳　群馬県）

「空襲」「敗戦」　名古屋は大変なものです、今では三分の一位焼野原になって居ります。こんな事では戦争は負けるか勝つか判らない、負けた方が楽で良いかも知らん、米国が政治をする様になってもこんなに苦しい事はなかろう、配給等も良くなって楽になるかも知らん、此戦争は余り手を拡《ひろ》げ過ぎたからこんな困難な事になったのである（四五年五月一日検挙、八月二七日判決確定　略式命令罰金五〇円　鍼灸《しんきゅう》業　六〇歳　石川県）

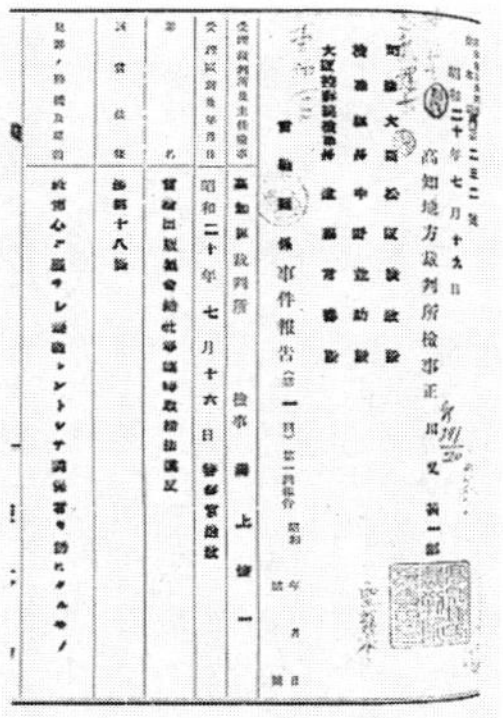
高知地方裁判所検事正
昭和二十年七月十六日

司法省『言論出版集会結社等臨時取締法違反事件報告書』「空襲」（「旧陸海軍関係文書」）

「官民離間」「敗戦」　政府は其の指導方針に於て最初長期抗戦だと言い乍《なが》ら、今度は短期決戦だと言い、何でも彼《か》でも米英撃滅だと謂《い》う様な激しい字句を使って居るが、之では国民は麻痺して仕舞う、之は皆上層部の指導が悪いからで、官吏は斯様《かよう》に口先許《ばか》り甘いことを言うが、陰では悪いことをして収賄したりする、だから国民は誰も真面目に蹤《つ》いて来ないし、生産力も低下し、戦争は勝目がないのだ（四三年八月ご

ろ検挙、四五年六月一二日判決確定　懲役八月・執行猶予三年　銀行員　五三歳　北海道）

一般に、治安維持法違反とされる事犯が一定のイデオロギー性をもち、組織性・継続性を有するのに比べて、臨時取締法違反では思想性・イデオロギー性の薄い個人的犯罪が対象となりました。違反とされる事件は偶発的であったり、無知に起因する場合が多く、大半は検挙された警察や憲兵段階で訓戒後に釈放されました。戦局が劣勢を加えるなかで運用は活発化し、国民の言動や生活を抑圧するものとなりました。

さらに戦時刑事特別法（一九四二年二月）や裁判所構成法戦時特例（同）の制定、陸軍刑法・海軍刑法の軍事に関する「造言飛語罪」の刑期引き上げ（四二年二月）や戦時刑事特別法改正による「国政変乱宣伝罪」の追加（四三年三月）が、治安的な観点から実現していきます。

国民生活・思想の監視と抑圧

戦局の悪化にともない、特高警察や憲兵による国民の生活と思想への監視と抑圧は一層強まりました。

新たな事態として、労務統制の緩みや徴用工の増加などに警戒が向けられました。一九四三年五月の警視庁「労働者の生活実態並思想動向に関する件」(『特高警察関係資料集成』第二〇巻)は、「日本的勤労観の漸次喪失し、国内思想分裂対立の萌芽発生の徴あり」と観測しています。軍需工場などの徴用工員の長期欠勤者に対する一斉取締りもおこなわれました。四四年一月の警保局保安課「最近に於ける労働情勢悪化の状況」では、「「憂慮すべき事態」などという言葉を使用して済ましては居られない程の緊迫感と焦燥さえ感ぜられる」(同前、第三六巻)ととらえます。

四月の同「都市に於ける社会不安の温床と目せらるる諸現象に就て」(同前)では「人心の動揺」に警戒の目を向け、「民心の尖鋭化と共に国民各層の戦争をよそにした精神的弛緩《しかん》、生活問題に対する不安焦躁は漸次疲労感に転移し、更には社会不安に発展する前兆と見てとれる」と危機感をあらわにします。

郵便物の検閲も広範におこなわれ、「底流に於ては戦争の長期化するに伴い、反国策的思想、厭戦乃至反戦的思想散発の徴あるやに看取せらるるものあり」(内務省警保局外事課『外事月報』一九四三年三月分)などと抽出されました。とくに戦意の弛緩や低下、生産の停滞や減退などの事態に着目します。

憲兵も「民心の動向」に関心を向けていました。一九四四年六月の新潟県の村松憲兵分遣隊

「状況報告」（北博昭編『十五年戦争末期国内憲兵分遣隊報告』、『十五年戦争極秘資料集』補巻一八）には、「闇の横行に依る物資の偏流」などが顕著となり、「下層住民の思想を悪化せしめ、資本家を呪詛《じゅそ》し、或は戦争厭忌の素因となる」ことへの憂慮が記されています。

「敗戦的思潮」につながるとして、流言蜚語の頻発と拡散にも注目しています。憲兵司令部の一九四四年七月「六月中に於ける造言飛語」には、憲兵の知得した四四五件について「内容は依然として戦況、空襲、食糧関係等多発しあるが、特に本期は北九州地方の敵機空襲に伴い、空襲関係激増を示しあり」とあります。[14] また、「本期太平洋戦局の苛烈化に伴い、敗戦臆測的造言、乃至は「サイパン島は玉砕せり」等の未発表戦況に関する臆測的造言、漸次多発の傾向あり」としています（『東京大空襲・戦災誌』第五巻、東京空襲を記録する会、一九七四年）。

一般警察官向けの特高警察的教養のために作成された京都府警察部『特高警察実務必携』（一九四五年ごろ、『特高警察関係資料集成』第二〇巻）でも、「職務中たると否とを問わず、例えば出勤、退庁の途次の電車内、街頭通行人の口吻《こうふん》に耳を傾け、或は親族知己等との交際を通じ、又は隣組常会其の他種々の機会を利用する等、片言隻句《へんげんせきく》〔ちょっとした言葉〕の中に内部に底流する民心動向の真相把握に努めねばならない」としています。のぞき見や盗み聞きも、「国家の治安維持、国土防衛の大目的」からは必要とされ、奨励されました。

一九四五年五月の警保局「最近に於ける治安情勢」（『特高警察関係資料集成』第三六巻）は、人心について「正に総浮腰《そううきごし》の観があるのでありまして、戦局不振に基く不安動揺は漸次全国的に拡大しつつある」と、大きな変化が生じていると読みとっています。さらに七月の「沖縄島失陥に伴う民心の動向」（警保局保安課『思想旬報』号外、『特高警察関係資料集成』第三八巻）になると、次のような現状を認めざるをえない状況に至りました。

沖縄島失陥に伴う民心の動向は極めて顕著なる敗戦感一色に塗りつぶされたるやの感ありて、之に基因する厭戦、反戦、自棄的無気魄《むきはく》状態の推移は極めて警戒を要するものあると共に、空襲激化、生活逼迫（食糧不足、インフレ激化に伴う）に伴う戦争疲労感の擡頭と相俟《あいま》って、敗北主義的気運の滲透《しんとう》を懸念さるるものあり、他面に於て戦局不振の責任を糾弾する反軍、反官、反政府思想の深刻化、一般化ある等、今後に於ける民心の推移は極めて注意を要するものと認めらる。

14　六月一六日に中国本土から飛来したB29が本土初空襲、八幡を襲いました。

八月上旬の全国特高課長会議では増大する不敬言動の要因に、「大衆一般の戦局悪化に伴う厭敗戦感と戦時生活の逼迫から自然発生せる苦痛」の高まりがあるとして、厳重な警戒を指示しています（警保局保安課「最近に於ける不敬、反戦反軍、其他不穏言動の状況」、『特高警察関係資料集成』第二〇巻）。

「経済治安」の悪化

統制経済の進展とともに経済警察・経済検察による「闇」の取締りが本格化しました。アジア太平洋戦争開戦から一年半が経過した段階で、経済犯罪の状況は「「生活必需物資に関する末端配給部面に於ける氾濫」の一語に尽きる」（司法省刑事局『経済月報』一九四三年四月）とされます。

軍需生産の確保は、多くの場合において物と人の両面で「戦時国民生活の確保」とぶつかります。戦争遂行のためには国民の士気を高めなければならず、そのためには生活必需物資などの「戦時国民生活の確保」も至上命令でした。しかし、実際の対応では経済犯罪に対して一段と厳しい取締り方針で臨むほかなく、さらに「戦時国民生活」を圧迫し、犠牲を強要するものとなってあらわれます。四四年全体の経済犯の検事局受理数は「少くとも十九万人前後」と推定され、四五年については敗戦まで四四年の趨勢《すうせい》以上でしたが、都市空襲などによって「検挙能力の低下」をきたし、「恐らく十万人前後」になるだろうと推定されました（八木胖《ゆたか》『経済犯論』東洋書館、一九四七年）。これらは検事局の受理数ですので、経済警察における違反の摘発は膨大な数にのぼりました。

統制経済崩壊の兆しは、すでに一九四三年初頭に始まっていました。一月に開催された各控訴院並八大都市地裁経済係検事協議会で、福岡地方裁判所検事局は現状を「経済事犯の発生の面が一般国民全面に及び、而《しか》も食料品等の闇取引は最低生活線を脅かす様になった今日に於ては、経済犯罪と思想犯罪とは最早切離して考えることは出来ない程度に深刻なる治安問題を内蔵した様相を呈して居る（略）経済治安の乱るるところ、茲に思想問題として種々なる忌むべき事態が発生する」と見ていました。

宮城控訴院検事局からの答申にも「中小工業者の生活難、出征遺家族の処遇等より、惹《ひ》いて不平不満、厭戦、反戦、反軍の思想を醸成し、国家治安に暗影を投ずるが如きことは須臾《しゆゆ》（少し）も許す可《べか》らざる重大事」とありました（司法省刑事局『経済月報』一九四三年一月）。ここに経済犯罪と思想犯罪が合体した「経済治安」という観点が浮上しました。

一九四三年には労務統制違反事件に対する取締りも本格化しました。松阪広政検事総長は各種の訓示で「殊に労務の統制は、戦力増強の根基を為すものとして、特に其の完璧を期せねばなりません」（警察部長会議、『法律新聞』一九四三年五月一日）、「労務統制の成否は、直に戦局を左右すると云うも敢て過言ではない」（司法官会同、同前、一九四三年五月一〇日）と指示を繰りかえしました。[15]

経済検事だった菊池健一郎は戦後になって、「司法の面より観たる敗戦原因の研究」（『司法研究』第三四輯五、一九四七年九月）をまとめています。そこでは一九四四年以降、「各種の犯罪傾向は益々極端化し、食糧の逼迫化と共に戦時経済破滅の深淵に一歩宛《ずつ》近づいて行った」としたうえで、四五年の状況を次のように述べています。

司法の面より通観すれば、昭和二十年上半期に至って、遂にインフレーションは悪性化し、食糧配給不手際による食糧の逼迫化は甚しくなり、資材は極度に貧困化し、国民の戦意すら低下し、我が国戦時経済は壊滅の深淵にはまり込み、原子爆弾の出現を見ずとも、戦争継続は国の壊滅以外にあり得ぬ状態に立至ったものと認むることを得るであろう。（略）労務者の生産意欲は減退し、生産は極度のダウンカーブを示し、経済生活は極度に混乱し、唯一の頼みとする国民の戦意すら低下して終《つい》に降伏への途を選ばざるを得ざるに立到ったのである。

菊池は、敗戦からまもなくの時点で、統制経済の極致であった戦争経済の事実上の壊滅こそ、敗戦の最大要因だったとみなしました。統制経済の崩壊とともに「経済司法」も機能不全に陥りました。

「戦意」の高揚から弛緩へ

敗戦直後、アメリカは次の戦争に向けてB29による爆撃の、主に経済・産業に対する有効性と影響を測定するために、大規模な戦略爆撃調査団を派遣します。そのなかに、日本人の「戦意」についての詳細な調査も含まれていました。

その結果は「真珠湾の時点で、日本人は中国との戦争に少しく疲れており、アメリカと闘う

15 一九四三年八月には「労務統制関係違反の検挙並に之が処理に付、隔意なき協議を遂げ」るために経済検察事務打合会が開かれ、「国民徴用令違反検挙並に処理に関する事項」「企業整備に関連して発生する違反の検挙並に処理に関する事項」などが指示されました（『経済月報』一九四三年八月）。

第1図　勝利についての疑念の増大

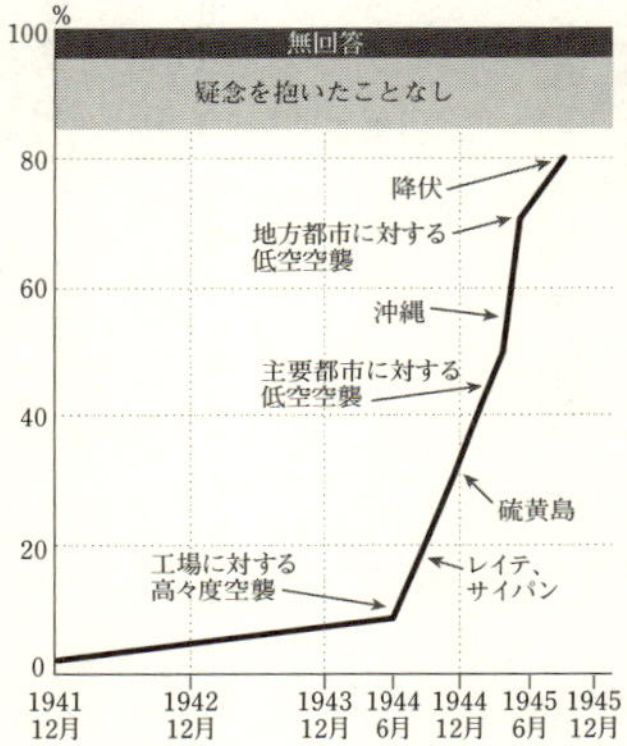

第2図　日本は勝てないとの確信の増加

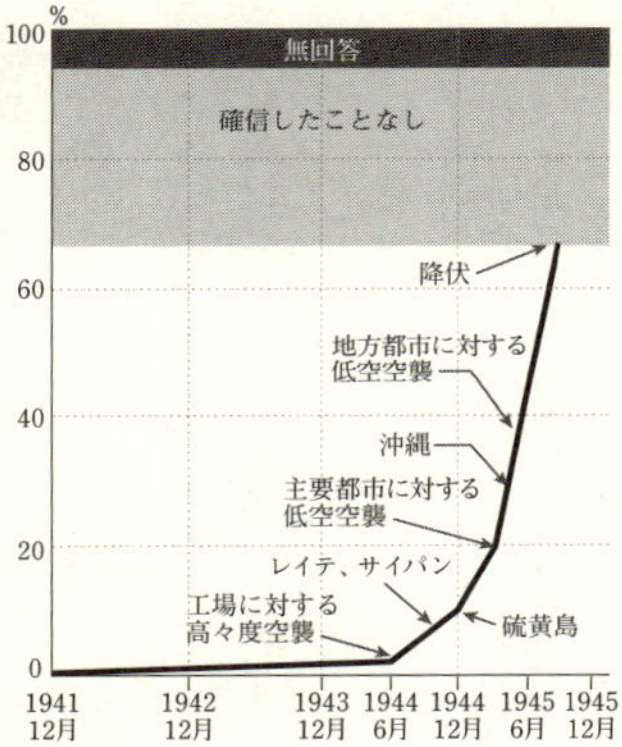

『戦略爆撃が日本人の戦意におよぼした効果』

ことを好んでいたわけではなかった。戦争のニュースに対する彼らの最初の反応は心配であった。しかし、日本の緒戦の勝利のあとを受けて、彼らの精神はいちじるしく高揚した。そのあと、とりわけサイパン失陥後、彼らの戦意は瓦解しはじめた。これは、永びいた戦争の疲れの積み重なり、社会不安、消費物資（とりわけ食糧）のますますひどくなる不足、うち続く軍事的敗退、これらのものが抵抗する意志を弱めた過程であった。そこへもってきて空襲が人口の大きな部分に直接の目前の圧力を加えたのである。戦意は突如として下り坂にはいった」と概括されています（アメリカ戦略爆撃調査団報告第14号、戦意部『戦略爆撃が日本人の戦意におよぼした効果』、『横浜の空襲と戦災』4、横浜市、一九七七年による）。

また、右のような図（『東京大空襲・戦災誌』第五巻）を作成しています。
的確な分析というべきですが、これに対応する日本側の概括として、一九四五年一〇月一〇日、新潟県新津警察署長が調査団に提出した「米国軍戦略爆撃調査に関する件」があります。これも次のように「戦意」の推移を、特高警察の調査をもとに的確に追っています（『新潟県史』資料編一六、一九八五年）。

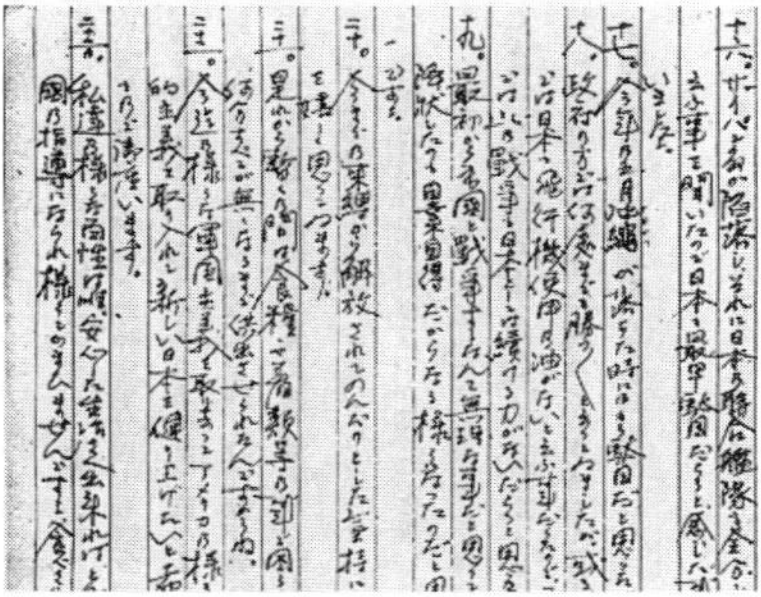

聞取りの筆記、岩手県姉体村の主婦（「戦略爆撃団調査資料」）

一度《ひとたび》大東亜戦争勃発せるや、帝国陸海軍の上げ得たる緒戦の赫々《かくかく》たる大戦果に酔い、国民各層に亘《わた》って、「米英何するものぞ」と国民の戦争に対する意気大いに揚り、緒戦期に於ける国民の思想動向も、高低の差こそあれ大東亜戦争完遂の一点に結集せられ（略）国民各層斉《ひと》しく今次大東亜戦争は理窟を抜きにして勝てるものと信じ込み居りたるの状況なるが、戦争の長期化と共に国民の思想動向に就いても（略）底流には和平を希冀《きき》〔待望〕する思想が漸次瀰満《ママ》し来りつつありたる状況にして、一方本土を主戦場とする本土決戦が不可避なる事実として来るにつれ、国民は戦争の前途に対して一抹の不安を感じ（略）軍並に政府と遊離しつつありたるの状態なり。

アメリカによる「戦意」の分析は、一九四五年一一月から一二月にかけて実施した男女約三一五〇人に対するインタビューの分析がもとになっていました。たとえば、岩手県姉体《あねたい》村のあ

インタビューのため、米軍語学将校に連れられて家を出る女性（"The Effects of Strategic Bombing on Japanese Morale"）

る主婦は「日本に勝目がない、とはっきり思うようになられたのはいつごろからでしたか」という質問に対して、「今年の五月、沖縄が落ちた時にはもう駄目だと思った」と答えています（一一月一八日、「戦略爆撃調査団資料」）。戦略爆撃調査団の報告書は『日本人の戦意に及ぼした戦略爆撃の影響』としてまとめられました（一九四七年六月）。

日本側では特高警察や経済検察、憲兵、文教当局がおこなった「民心」の動向調査が「戦意」について知る手がかりとなります。前章につづき、文教当局が「国民の思想指導」のため

に実施した生徒・教員らに対する大規模な「思想動向調査」をみます。

茨城県教育課が一九四一年一二月中旬に予定していた男女中等学校、青年学校生徒および国民学校児童を対象とする「思想動向調査」は、「突如として大東亜戦勃発し、古今未曽有の国民的感激の中」で実施されました（『文部省思想統制関係資料集成』第一〇巻）。そのため、「東亜新秩序の建設についてどんな考ですか」については、全体の七八・一％が「どんなことがあっても」を、一八・九％が「外の国などに遠慮なく、もっとどんどん」を選び、「真剣な雄叫《おたけび》をあげて居ることは心強い限《かぎり》」と評されます。その一方で、「このために戦争が長くつづけていては」と弱気なものが一・五％、「このことがうまく行くかどうか、不安に思って居る」者が〇・六％あったことは「遺憾なこと」とされ、これらに対しては「断呼《ママ》として東亜新秩序の建設に邁進《まいしん》する気魄を涵養すること」が求められました。

対米英開戦一年後の一九四二年一二月、佐賀県思想対策研究会が師範学校、中学校、実業学校などの二万人にのぼる生徒全員を対象に「思想動向調査」を実施します（『佐賀県教育史』第三巻、一九九〇年）。第一問の「大東亜戦争は何の為の戦争ですか」に対する回答で、三七・七％を占めるのは「大東亜共栄圏確立の為」で、「世界平和の為」が一三・二％、「東洋平和の為」「八紘一宇《はつこういちう》の理想顕現の為」「大東亜新秩序建設の為」がそれぞれ八・八％でつづきます。

「調査後の感想」として、戦争目的の把握について「大東亜共栄圏確立への自信と米英撃滅の意気亦《また》熾《さかん》なるものあるを認む」と高い評価がなされています。

文部省教学局思想課『東京都に於ける教員及び中等学生思想調査概況』(『文部省思想統制関係資料集成』第九巻)は、東京都下の国民学校男女教員・中学校男教員・高等女学校女教員、中等学校生徒らを対象に、一九四三年七月、教学局自身が実施した調査の報告書です。「学生の思想動向」については「極めて健全な国家的な傾向にある」ととらえられました。「教師の思想動向」については「大体に於て現状適応的であり、更にはその方向に急進しようとする態度をもち、私生活についてもこれに積極的な切り換えをなして、国家の要求に応じようとする態勢にあ」り、「国家の呼吸と共にある」とする一方で、全体の一割から三割前後に「相当注意すべきものが存在している」とされました。それは「戦意」の停頓・弛緩につながっていく層です。

一九四一年一二月八日のマレー半島上陸・真珠湾攻撃とそれにつづく連戦連勝に一挙に国民の「戦意」は沸騰し、九九%以上の国民が「我々の戦争」ととらえて、戦争支持・協力の側に位置することとなりました。先ほどの戦略爆撃調査団の調査にある「勝利についての疑念の増大」および「日本は勝てないとの確信の増加」という二つの図を引っくり返したものが、「戦意」の高さを示すといえます。

その後を簡単に追ってみましょう（第一章69頁の図を参照）。一九四二年になると前半では「戦意」は高い水準で維持されますが、後半から四三年にかけて次第に戦局の劣勢に生活の窮屈化が加わると、弛緩・停滞の兆しがあらわれます。四四年になると厭戦・悲観気分が広がり、七月のサイパン島失陥を大きな転機として、明らかに「戦意」は低下を始めます。

一九四四年八月末の警視庁情報課「最近に於ける諸情勢」第七輯（「旧陸海軍関係文書」）によれば、サイパン島失陥により「帝都空襲の公算愈々《いよいよ》大」となると予測し、「民心の焦点は日常生活より再び戦局に移行し」ました。それは敵愾心を再燃させたということではなく、このような戦いぶりで勝てるだろうかという疑念が生じ、戦争指導に対する政府や軍の拙劣さへの誹《ひ》謗《ぼう》や批判が表面化してきたことを意味します。したがって、その「戦意たるや極めて低調」で、「闘魂更に振わずして、寧《むし》ろ一部少数に敗戦的思想の醞釀《うんじょう》（かもし出す）せんとする傾向」さえうかがえるとされました。

「戦意」の急低下

サイパン島失陥で予測された本格的な本土空襲は、一九四四年一一月から実施され、大都市から地方都市へと移っていきました。統制経済の実質的な崩壊により、厭戦・悲観論は強まりました。名古屋の市街地が標的となった一九四五年三月一二日の空襲直後、一三日に愛知県特高課では「民心の動向」を次のように報告しています。

（一）罹災者　予想外に被害甚大なりし為、未だ呆然《ぼうぜん》自失の態なるも、有資産階層及婦女に在りては意気銷沈《しょうちん》しつつある者多く、却《かえ》って無資産階層に於て敵愾心を抱き居れるが如く看取せらる（略）

（二）罹災せざる一般市民　今次空襲を機に緊迫感を一層増大し、憤激を新《あらた》にしたるが、健全なる市民層に在りては「現状にては駄目なり」とて強力なる対策を切望しつつあり、従《したがっ》而《て》此の際徹底せる施策を為すに非ざれば、民意の趣くところ、逆作用的に軍並に当局に対する不信より戦争遂行への確信を喪失するの虞あり

ついで、三月一四日の続報では事態の鎮静にともなって民心は冷静に向かっているが、「大勢は戦争下、災害発生も亦已《またや》むなしと諦観的態度を示しつつある」とみています。女性のなかには恐怖感が助長され、都市の居住を嫌忌する傾向も生じているとされました（「三重県特高資

料」防衛研究所図書館所蔵)。

四月六日、岐阜県特高課では「沖縄決戦に対する民心の動向」について、「一般大衆は防空疎開、其の他身辺の雑事に心捉われ、其の程度意外に薄弱なるやに観取せられ、又之を認識するも結局サイパン島、硫黄島と同一運命を辿《たど》るものならん等、安易なる観念を持ち居る程度にして、其の戦意の低調なる」をみるとともに、一部の有識者の不満は「政府無能、軍部無力なりとする言動として現われつつあり」と憂慮しています(「三重県特高資料」)。こうした状況は全国的なもので、前述の特高資料にあったように「総浮腰の観」という表現がでてきます。

六月の沖縄島失陥前後から「戦意」の低下は急加速しました。七月に警保局保安課がまとめた「空襲激化に伴う民心の動向」(『東京大空襲・戦災誌』第五巻)では、「思想治安の観点より特に留意を要する」点を次のようにあげています。

(一) 空襲に対する恐怖感情漸次濃化し、且《かつ》農山村を除き殆んど全国的に普遍化しつつあること

(二) 一般に士気沮喪《そそう》し、生活問題に絡んで自己保全に汲々《きゅうきゅう》として、戦争と生活との乖離《かいり》現象は益々其の度を深めつつあること

（三）一部に悲観的、敗戦的気運を生じ、厭戦的和平言動相当増加しつつあること
（四）軍不信乃至反軍的気運、漸次表面化しつつあること
（五）（略）
（六）一般に刹那的気風瀰漫《びまん》し、自棄的傾向濃化しつつあること

ここで注目すべきは、すでに顕在化していた空襲への恐怖、戦争と生活の乖離、厭戦・悲観気運、軍不信などが、それぞれ「漸次濃化」、「普遍化」、「益々」、「相当増加」、「漸次表面化」などと、憂慮すべき方向へ増進しているという認識に至っていることです。さらに「刹那的気風瀰漫し、自棄的傾向濃化しつつある」ことにも言及しました。

八月に警保局保安課のまとめた「最近に於ける不敬、反戦反軍、其他不穏言動の状況」（『特高警察関係資料集成』第二〇巻）は、「戦意」崩壊の兆しがあらわれた状況を述べています。ごく最近の傾向として「厭戦敗戦的色調」が濃厚となり、「本土決戦を前に、民心の動向は必ずしも楽観を許さぬ状態にある」と結論づけたうえで、次のような認識がなされました。

素《もと》より之等の気運に乗ぜんとする指導的反戦和平分子の断乎たる制圧がある限り、斯《かか》る自

然成長的言動のみにしては組織されたる大衆運動となって直接国内危機を齎《もた》らすが如きことはあり得ずと思料されるが、万一敵の本土上陸実現に際しては容易に彼の宣伝謀略に乗ぜられ、奔敵投降等の売国行為に出でるものの簇出《ぞくしゅつ》する虞があるのみならず、最も戦意昂揚の緊急なる刻下、斯る士気道義の弛緩頽廃《たいはい》の一般化傾向が存在するということは、それ自体敗戦主義的戦争サボ〔サボタージュ〕の一般化傾向を示向するものとして、厳に注意警戒を要する重要問題と認められる。

「戦意」の現状として「敗戦主義的戦争サボの一般化傾向」を有すると判断されたことは重要です。もはや本土決戦に国民は耐えられないという認識をもたざるをえないほど、「戦意」は低調になっており、現状のまま本土決戦に突入すれば、革命が惹起《じやつき》され、「国体」の動揺・解体に至るかもしれないという危険性が察知されたのです。

憲兵側の現状認識をみてみます。一九四五年五月の東部憲兵隊「流言蜚語流布状況に関する件」（『東京大空襲・戦災誌』第五巻）の「所見」には、「沖縄戦局の難渋、空襲激化、敵の内地侵攻等、戦局緊迫に伴い、益々戦局悲観、敗戦和平希求的流言多発し、民心の和平気運を醸成せしむるの虞あり」とあります。

六月五日、憲兵司令部本部長が内地各憲兵隊司令官に発した「敗戦的和平希求動向監察取締強化に関する通牒」（『太平洋戦争期内務省治安対策情報』第三巻）のなかでは、現状を「漸次戦局の緊迫に伴い、国民の一部に日本敗戦必至なりと盲断し、和平の実現を希求待望するの気運濃化しつつあるやに看取せらるるものあり」とみています。この「気運が漸次国民の間に浸潤するに至らんか、敵の思想謀略及び一段と苛烈化を予想せらるる今後の戦局とに依り、国民の戦意は急速に低下し、皇土の決戦の遂行をも困難ならしむるの虞大なる」と危機感をつのらせました。本土決戦を前に、憲兵はこの「敗戦的和平希求動向」を封殺するために、国民生活・言動の取締りにますます狂奔していきました。

このような「戦意」の急速な低下の末に、八月一五日の敗戦の時点で「戦意」を維持していたのは、戦略爆撃調査団の集計によれば、全体の二五％でした。それは、大日本帝国崩壊のデッドラインを越えかねない水準でした。敗戦の選択は必然でした。[16]

治安体制の自壊へ

敗戦の徴候を「経済治安」の観点から経済検察では一九四五年初頭には把握したと思われますが、特高警察の把握は遅く、四五年春を境とする「戦意」の急低下に直面したころでした。

目に見える「経済犯罪」と、目に見えず絶えずその影に疑心暗鬼となって事件のえぐり出しに追われる「思想犯罪」との違いといえるでしょう。しかし、「戦意」の崩壊という大きな流れを、特高警察も思想検事も憲兵も押しとどめることができませんでした。

たとえば、六月六日、警保局保安課長は「独逸《ドイツ》の戦列離脱、沖縄戦局の急迫化、主要都市に対する相次ぐ敵機の大規模来襲等により、国民の一部にありては戦局の前途に対し不安を抱き、或は焦燥悲観するものあり。漸次敗戦的和平気運濃化の傾向あるやに看取せらる。斯の如き気運の国民全般に波及瀰蔓《ママ》せんか、将来 益《ますます》 苛烈化を予想せらるる戦局下にありて決戦態勢を攪《かく》乱《らん》するの虞なしとせざる」という現状認識に立って、「敗戦的和平策動並に言動者等の視察取締に関する件」（『太平洋戦争期内務省治安対策情報』第三巻）という通牒を発しました。しかし、敗戦濃厚の「気運の国民全般に波及瀰蔓」する状況には、手の打ちようがありませんでした。

16　なお、この報告書は「戦意」の高低分布についても興味深い指摘をおこなっています。知識階級（専門家、経営者、支配人、および官吏）は「最低水準の戦意」を、手工業労働者と農民は「中間の戦意」を、サラリーマン（事務員、販売員およびサービス員）と非労働者（主婦、学生、隠退者、失業者など）はともに「最高の戦意」をもったと観測します。女性は男性よりも「戦意」が高く、若い世代が年配者よりも「高い戦意」を有していたとしています。

各府県の第一線の特高警察は民心の動向を厳戒するとともに、左右両翼や朝鮮人の要注意人物について、いつでも検挙・検束できるように「非常措置」の準備を進めました。左翼分子に対する視察内偵から、「「親ソ的」乃至は「ソ連礼讃的」」傾向や「「国体無視」或は「国体軽視」の傾向」が生じていることをつかんでいました（警保局保安課『思想旬報』一九四五年七月、『特高警察関係資料集成』第三〇巻）。

しかし、八月一五日の敗戦という事態に、この「非常措置」を発動して「反戦主義者」を一斉検挙・検束することはできませんでした。その一つの理由には、対米英開戦時の一斉検挙・検束とは異なり、もはやそれを断行できるだけの治安体制としての実力を失っていたことが考えられます。

なぜなら、四五年六月ごろには、治安体制そのものが機能不全に陥りはじめた徴候がうかがえるからです。反戦反軍や厭戦などとみなしたものの摘発に狂奔する特高警察や憲兵に対して、為政者層の一部には見放す動きが出てきました。

一九四五年六月二八日、終戦工作に従事する海軍の高木惣吉は「時局収拾対策」（伊藤隆編『高木惣吉 日記と情報』下巻、みすず書房、二〇〇〇年）の「対内方策」のなかに、「治安維持の内面的準備工作」として「警察、憲兵を以てする治安維持対策は、政府の方針決定に従順機敏に随伴することに依り、表面上は解決せらるべきものなれども、従来の実例に徴するに期待に副《そ》わざること多く、特に憲兵の場合に然り」と書きました。治安的な観点からなされた監視では民心の正確な把握はできないという判断が、特高警察や憲兵への批判を導きだしました。

同様な判断は、鈴木貫太郎内閣の五名の内閣顧問が六月下旬から約一カ月間、勤労動員、民意高揚、民需軍需の調整などの分野を各地で行政査察した結果の報告書にもあらわれています。八月七日、全体の報告書としてまとめられた「行政刷新に関する綜合的意見要領」(『第十三回行政査察(戦災処理関係)報告書』防衛研究所図書館所蔵)には、「下情上達の機構乃至方策不整備なる為、民意即応の施策決定に遺憾の点多き」とあり、その事例の一つが「憲兵、警察の情報のみにては不充分」でした。

戦時教育の破綻のなかで

「皇国民」錬成教育も崩壊の一途をたどります。一九四五年五月、戦時教育令の公布に基づき、「国民防衛の一翼」と「生産の中核」の役割を担わせる「学徒隊」が編成されます。これに関連して、東京帝大学生課長は「学内教育を本則とし、必要なるとき動員するというよりは、広義の勤労を教育の本旨とし、特に必要ある場合は学内教育をもなし得るという、謂わば教育理念上の転移」と説明します。さらに、教職員を念頭に、「戦時教育における戦線離脱の退却者は、厳重に非難されねばならぬ」と述べました（『大学新聞』一九四五年六月一一日）。学生主事の役割は学生の勤労意欲をかきたて、監督統制することにありました。もはやここには「教育」は存在しません。

そうした戦時教育の破綻を逆の意味で象徴するのは、勤労動員下の軍需工場学生寮における社会科学書籍の読書会の開催という驚嘆すべき事実です。かつて人民戦線事件に連座し、一年拘留されたあと、三光汽船（河本《こうもと》敏夫社長）に勤務し、動員中の龍谷《りゅうこく》大学の学生寮の寮長を務めていた河合徹は、四五年春ごろ、部屋に遊びにくる学生数人と読書会をおこなっています。河合は『回想録　十五年戦争の中の青春』（日本図書刊行会、一九八八年）のなかで、次のように語っています。

戦争・国家・宗教・哲学等に就いて対話が始まる。僕は彼らの輝く眼《め》をみている中に、この学生たちに真実を語らないわけには行かなかった。僕は特高の眼を警戒しながらも、岩波文庫の「フォイエルバッハ論」「空想より科学へ」を家から送らせ、これを教科書として読書会を始めた。僕自身も今何をすべきかの判断はつかない。また戦後の構想なども五里霧中である。しかしこの戦争はかならず敗北に終ること。新しい社会主義の時代はかならず到来するにちがいないことを説いた。

参加した学生の一人、加藤西郷は一九二七年生まれで、「十五年戦争の時期に成長し、中等・高等教育機関に入ってもマルクス主義や自由主義の名残りにさえ触れることができなかった」（米田俊彦『戦争末期における反体制思想学習の記録』野間教育研究所、一九九七年）世代に属します。その「教学錬成」のシャワーを浴びた世代が、特高の監視をかいくぐり、実際に特高に引っ張られることも経験するなかで、こうした社会科学の読書会をおこなっていたという事実に圧倒されます。あまりにも非合理的で強権的な思想指導が徹底されればされるほど、それへの反発・批判が生み出されたのです。このような事例は他にもあったと推測されます。

敗戦後の治安体制

一九四五年八月一五日とその後の治安は、日本国内では大きな混乱もなくひとまず維持されましたが、この敗戦の事態に特高警察や憲兵は治安確保の役割がより一層重くなってくると自認・自負しました。いずれもこの機会に大増員を計画しますが、ＧＨＱにより中止させられます。

各府県の特高課などの報告を受けて、警保局の八月中旬の文書には「日本の敗戦は共産主義者の待望せる所にして、戦闘停止後の彼等の動向には凡《あら》ゆる努力を集中し、遺漏なき視察内偵を続行中」「生活問題に対し極度の不安感を抱き、民心は相当の動揺の兆を現出しつつある」(「事務引継書類綴」、『特高警察関係資料集成』第三六巻)とあります。

憲兵司令部では「治安情勢」を連日のように発行しています。八月一九日の第二号では、民心は「逐次平穏に向いつつあるも、未だ動揺の色濃く、交通機関の混雑及金融機関への殺到、及婦女子の都市及沿岸よりの逃避は依然として続けられあり」とみていました。二〇日の第四号では、一般的に「軍に対する侮蔑的態度、漸次露骨化しつつあ」ると指摘します(「終戦後治安状況」其の一、防衛研究所図書館所蔵)。

新治安維持法の宗教結社・集団に対する適用や新たな「予防拘禁」適用を控えるなどの方針を打ち出す一方で、八月一五日以後、おそらく治安維持法の新たな発動はなくなったと思われます。それでも治安当局者には治安維持法を廃止する意志はなく[17]、占領軍の進駐前に公判中の「横浜事件」などの司法的決着を急ぎました。事実上、治安維持法は失速し、猛威を振るった「国体」の魔力も消えつつありました。

特別要視察人制度や「保護観察」制度で監視の対象とされ、言動を大きく制約されていた「左翼分子」らは、八月下旬からは自由に活動できる領域を増やし、要視察人制度などを実質的に打ち破っていきました。集会・多衆運動に対する警察の統制も利かなくなりました。予防拘禁所内では自主的な運営がかちとられました。治安体制は大きく動揺していました。

この動揺を決定的とし、治安体制を解体したのが、「民主化」を進めるうえで大きな障害となった治安維持法廃止や特高警察官罷免などを命じる一〇月四日のGHQの「人権指令」です。その背景についてGHQの情報教育部長ダイク大佐は、「今回の命令は日本政府が自らの発意に基いて同様な改革を行う意思がないことが明確になって初めて発せられたものである」（『毎日新聞』一九四五年一〇月六日付）と説明しています。

17　そのため、京都学派の哲学者三木清の獄死を招きました。

18　三・一五事件の内偵や「スパイM」の操縦で知られ、「特高警察の至宝」と呼ばれた毛利基《もとい》は、警視庁特高課長を経て破格の出世を遂げ、佐賀・岐阜・埼玉各県の警察部長を歴任していましたが、敗戦後の九月一五日、おそらく責任追及を恐れて「病気」を理由に退官します。その際、それまでの「功績顕著なるものある」として、内務大臣から「賞詞」が授与されました（沖縄戦で戦死した島田叡知事について二度目。『朝日新聞』一九四五年九月一六日付）。

19　その後の「公職追放」により、池田克・松阪広政ら一部の司法官僚・思想検事が追放されました。

「人権指令」は東久邇《ひがしくに》内閣を倒壊させるほどの衝撃でしたが、いくらか予測もしていた治安当局[18]では、この「指令」の緩和や骨抜き、サボタージュに全力をあげ、その後の治安体制再構築のための根を残しました。しかもこの「指令」で漏れていたことに乗じて思想検事の罷免はなされず、司法省内部の機構改革で済ませてしまいました。[19]

第三章　戦後治安体制の確立と低調化

――速やかな復活にもかかわらず「戦前の再来」とならなかったこと

一九四五年八月一五日は韓国にとって植民地支配から解放された「光復節」＝独立記念日です。その日、獄中にあった治安維持法違反者らは、朝鮮民衆の手によって奪還されました。日本でもわずかですが、「光復」を求める動きがありました。たとえば、のちに『徴兵忌避の研究』（立風書房、一九七七年）で知られることになる菊池邦作は、九月、治安維持法の撤廃と政治犯の釈放を要求しました。自らも治安維持法による検挙と拷問を体験していた菊池は、「この法律さえ制定されなかったならば日本軍国主義者はその野望を達成出来ず、今次大東亜戦争は勃発せずに済んだであろう」（「日本民主化に関する基本的要綱」、多喜二奪還事件80周年記念文集編集委員会編『多喜二文学と奪還事件』二〇一一年）と的確に本質をとらえていました。

しかし、八月一五日以降も日本政府は治安維持法や特高警察・思想検察をそのまま存続させました。そして、ようやく一〇月四日のＧＨＱ「人権指令」によって戦前治安体制は「解体」

し、思想犯が釈放されます。この遅さは、政府・為政者層が敗戦にともなう社会秩序の混乱を恐れ、軍解体後の治安体制を唯一の頼りとしたために生じたものでした。しかも、「人権指令」の履行にあたり、日本政府はサボタージュと骨抜きに終始しました。戦前治安体制がカッコ付きの解体で終わったことは、冷戦進行に伴うアメリカの占領政策の転換とも相まって、敗戦後の数年を経ずして、戦後の治安体制を作り出していきます。

この章では、戦後治安体制がどれほど速やかに作り出され、戦前的理念・組織などが継承されているかについて述べます。加えて、戦前治安体制との違いについても言及します。

戦前治安体制の復活へ

二〇一四年七月一四日の衆議院予算委員会の「集団的自衛権」をめぐる集中審議で、安倍晋三首相が「一九三〇—四〇年代の世界と現在の世界、日米同盟と日独伊三国同盟を同列に扱うのは間違っている」と述べたことは前述しました。それを聞いて、私はかえって「日米同盟」＝日米安保体制は一九四〇年の日独伊三国軍事同盟と「同列」で、ファシズムを志向しているのだということに目を開かれた思いがしました。三国軍事同盟は、ファシズムで結びついた戦時体制の同盟でした。

もちろん、現代の世界秩序のなかで、アメリカの強い影響下にある政府あるいは為政者層が公然と戦前と同じ戦時体制を目指しているとは言えません。しかし、戦後七〇年余をながめ渡したとき、もっともらしい理屈と既成事実を積み重ねることで、実質的に再び戦時体制の構築に向けて、曲折を経つつも少しずつ進んできたことを、否定することはできません。

すぐに述べるように、戦前の治安体制は戦後まもなく復活し、日本の独立に歩調を合わせて、一九五〇年代前半にその確立を果たしました。戦後の民主化の怒濤《どとう》の潮流とさまざまな方面の社会運動の沸騰に、政府・為政者層および「冷戦」激化に向けて占領秩序の維持を最優先するGHQは大きな危機感を抱き、戦前と同じような治安体制の復活を必要とし、速やかに実現させたのです。それは二一世紀の現代につながるものではありますが、では、戦後治安体制の確立が再び戦前的な社会運動の封じ込めと思想統制をもたらし、「暗い谷間の時代」が再現したかといえば、おおむねそうではなかったということができます。六〇年安保闘争の大きな高揚をみれば、一目瞭然です。その点で、戦前と戦後は明らかに断絶しています。

戦後治安体制の確立にもかかわらず、戦前の暗黒時代の再来とならなかったことは、新たな戦時体制の構築が容易にはできなかったことを意味します。その困難性があってこそ、「日本国憲法」の下、在日米軍基地からの出撃や兵站《へいたん》の拠点となったことはありましたが、現在に至るまで曲りなりにも日本が主体的に戦争を仕掛け、内外に犠牲者を生み出すことはありませんでした。

後述しますが、一九五二年に破壊活動防止法が制定される際にも「治安維持法の復活」が、一九六六年の「建国記念の日」制定にあたっては「紀元節復活」が叫ばれました。また、近年の特定秘密保護法や共謀罪法の制定にあたっては「現代の治安維持法」というアピールがなされ、反対運動の高揚につながりました。

破壊活動防止法の場合でいえば、本来の目的であった団体の解散という伝家の宝刀が今なお抜けずに凍結状態のままに置かれているのは、制定時の「治安維持法の復活」という呼びかけが多くの人々に強い実感をもって浸透し、反対運動が大きく盛り上がったこと、さらに施行後に何度かあった団体解散の徴候に反対運動・世論を盛り上げ、阻止したことが、安易な運用を阻止しつづけている理由の一つに数えられます。それぞれの段階における戦後民主主義の踏ん張りが、戦前回帰・復活を押しとどめてきたのです。

もっとも、二一世紀になってから、とくに安倍政権の成立以来、新たな戦時体制構築のピッチは急となり、戦前回帰・復活がいよいよ現実的なものとなってきました。

人的な継承

ＧＨＱの「人権指令」は戦前治安体制を強権的に解体させたものの、その根を完全に除去することはできませんでした。それはひとえに日本の治安当局・為政者層が巧妙に執拗《しつよう》に温存を画策し、民主化の嵐をくぐり抜けたからです。まず、戦前から戦後の治安体制への人的継承をみてみます。

「横浜事件」をフレームアップした神奈川県警察部の場合、一九四五年一〇月八日、特高課と外事課が廃止となり、一二月二一日、特高・外事警察関係者二五六人が「依願免の形式で退職」しました。これは県警察官全体の九パーセントを占め、「定員不足に悩む警察部としては実に大きな痛手」となりました。そのなかで、特高警察官の一部は県の機関である「勤労署」建築課などに再就職するケースもありました（神奈川県警察史編さん委員会編『神奈川県警察史』下巻、神奈川県警察本部、一九七四年）。

また、追放の基準日を「人権指令」の出された一〇月四日としたために、すでにそれ以前に特高警察から離れていた者は罷免を免れました。その一人に、八月一五日時点で藤沢警察署長であった松下英太郎がいます。「横浜事件」捜査・取調べの第一線の実行部隊の隊長とも目すべき特高課第一係長松下は、警察署長に栄転していて罷免を免れただけでなく、さらに神奈川県警察部の「監察官」に就任します。四六年四月一六日付の『民報』は、「特高追放の網を潜り　拷問警視が監察官」という見出しで、次のように報じました。

神奈川県では民衆の批評に注意を払い、民衆から愛され、信頼される警察を作るために監察官の陣容を大きくし、これまでの主任警視一名を二名に増加したが、新任されたのは、なんと以前特高課第一係長で戦争中拷問警察官で鳴らした松下英太郎警視である、民主警察を作るといいながら、警官の正邪を明かにするお目附役の監察官の幹部に特高課上りで民衆を苦しめた警察官を入れていることは、警察官の再訓練の上にも悪影響を及ぼし、警察官がこれまでのように特高警察的になってしまうのではないかと危まれている。

その後、「横浜事件」関係者（笹下会）が神奈川県特高警察官を共同告発する一九四七年四月二七日の時点で、松下は「元神奈川県警部」となっています。退職の経緯は不明ですが、松下をめぐる人事は、神奈川県警察部において、「横浜事件」について無痛覚・無責任だったことをうかがわせます。

治安維持法を名実ともに支え、第一人者であった池田克の戦後も注目されます。一九四五年一〇月、名古屋控訴院検事長から大審院検事局次長となった池田は、治安維持法廃止後の治安維持立て直しの切札的役割を果たします。四六年六月、全国の各高等検察庁・地方検察庁に池田名で発した「労働争議及び食糧闘争関係事犯の検察方針並びに経済事犯の新取締方針に関する件」という通牒では、大衆運動が「合法運動を逸脱し、放置し難い犯罪を随伴する」場合には、秩序維持の立場からそれらを取締りの対象とするという指示がなされました（法務府検務局『労働関係実務資料集』「検察資料12」）。戦前の取締りの論理そのままの踏襲です。

この直後、池田は「公職追放」となります。一九五二年四月に追放解除後、五四年一一月、最高裁判所判事に任命されますが、治安維持法について問われて「あの時代の国家の事情としては、国会を通ったのだし、望ましいことではないにしても、やむを得なかったのではないか」（『週刊朝日』五五年二月二七日号）と、他人事《ひとごと》のようにその運用の責任を、法を成立させた国会に転嫁しました。池田は松川事件裁判においても、少数派の有罪の立場をとりました。池田の治安観は、戦前と戦後を通じて一貫していました。

思想統制から「教学錬成」にかかわった文部官僚の戦後へのつながりも確認できます。群馬県・長崎県の各特高課長などを歴任後、文部省に移り、思想局思想課長や教学局庶務課長を務めた田中義男は、「公職追放」の解除後の五二年二月、文部省初等中等局長（その後、文部次官）となり、教員の政治活動規制の中心となっていきました（久保義三『昭和教育史』戦後篇、三一書房、一九九四年）。

憲兵の戦後は戦争犯罪追及と「公職追放」に見舞われますが、一部はその経験を生かして戦後の諜報組織に加わっていったようです。具体的には、陸軍憲兵学校出身の元憲兵が公安調査庁に勤務し、中堅幹部になったケースがあります（牟田照雄「陸軍中野学校の考察」、『Intelligence』二〇一五年五月）。関東憲兵隊で憲兵隊長を務めた上坪《かみつぼ》鉄一は、撫順戦犯管理所での認罪と有罪判決・服役を経て一九五八年の帰国後、「公安調査庁や防衛庁等への就職の話」を断り、出版社に勤務しました（伊東秀子『父の遺言』花伝社、二〇一六年）。

公安調査庁は一九五二年七月の発足から約四年後に人事院ビル（旧内務省庁舎）から九段に移転しますが、それは憲兵司令部の元の建物でした。

理念の継承

戦前の治安理念は「国体」変革の防遏《ぼうあつ》にありましたが、戦後民主主義の滔々《とうとう》たる潮流のなかで治安体制の再生を図るためには、新たな治安理念が必要となりました。ごく初期には戦前的な「安寧秩序の維持」が用いられましたが、一九四六年六月の「社会秩序保持に関する政府声明」では「民主主義の擁護」が名目となりました。それは、「平和主義及び民主主義の健全な育成発達を期する」ためとして制定された団体等規正令で完全に定着し、破壊活動防止法に引き継がれます。

破壊活動防止法の最終の名目は「公共の安全の確保」となりましたが、この論理は各自治体で制定された公安条例にも踏襲されました。これらの新たに開発された治安の理念は、実質的に「安寧秩序の維持」と同義のものでした。破防法の解説のなかで、立案者の関之《いたる》[20]は次のように述べています（関之・佐藤功対談『破壊活動防止法の解釈』学陽書房、一九五二年）。

内容的な比較においては、「公共の安全」という方が、やはり新憲法の精神を現わして、そこに国家全体の民主主義的な秩序が平穏に守られて行くという意味合いにおいて、よりよい表現ではないか。何だか「安寧秩序」ということになると、昔風な、旧憲法的な考えがそこに出て来て、どことなく権力的な感じがしておもしろくない。

20　戦前は経済検事であった関之は法務府特別審査局総務部長として破防法立案の中心となった人物で、のちに公安調査庁総務部長となります。

両者は同義としたうえで、「安寧秩序」を避けたのは「語感」や「天下り的な、権力的な感じがして非常に悪い印象」を与えるためでした。

戦後治安体制の存在意義は、名目は「民主主義の擁護」および「公共の安全の確保」にありましたが、その内実は占領期においては占領政策の遂行の保障にあり、講和独立後は日米安全保障体制の国内的保障にありました。「民主主義」の意味するところは、「自由主義体制」＝「資本主義体制」であり、多数決を絶対視する議会制民主主義にほかなりませんでした。

少し具体的にみてみましょう。占領末期の一九五〇年ごろ、当時の群馬県の国家地方警察のなかで士気高揚のために作られた「治安の闘士」という警察行進歌の三番の歌詞は、次のようなものです（作詞・作曲明本京静《あけもときようせい》、『上毛警友』一九五〇年六・七月合併号）。

嵐吹け、兇徒《ぞく》来れ、何するものぞ　　断固たつ我等あり、死をも恐れず
熱血凝《こご》るところ、理想の楽土　　ああ期するあり、そのあした
挙《こぞ》り起《た》つ吾等こそ治安の闘士

一番には「国の治安を担《にな》いて起てる」とあるように、日夜練磨した「破邪の警防」を武器として「兇徒」を迎え撃つというこの「治安の闘士」は「機動隊」を連想させますが、それは反政府的社会運動の集団に対して急速に整備されていったものでした。まもなく一九五二年のメーデー事件、五八年の警察官職務執行法改正反対運動、そして六〇年の安保反対闘争などにこの「治安の闘士」が動員され、もう一つの「民主主義」を求める集会やデモは鎮圧の対象となりました。

思想検察からいち早く衣替えをした労働検察・公安検察は、戦後の治安秩序の再構築にあたっていきますが、一九五四年五月の全国公安労働係検事会同で、最高検察庁の公安部長はかつての思想検察と見まがうばかりの「転向」論を次のように展開します（法務省刑事局『公安・労働実務資料集（三）』「検察資料67」）。

日共党員による公安事件は、その本質上いわゆる確信犯というべきものであり、彼等がその信奉する思想的乃至《ないし》政治的な立場を棄てて転向を表明するに至る動機は、多種多様なものがあろうと思料されるのでありますが、彼等の取調に当る検察官が信念を堅持し、毅然たる態度にて接することが、彼等の転向に影響するところ決して少なくないことは、過去の経験に徴しても明言しうるところであります。しかのみならず、広くこの種公安事件を適正に処理するためにも、検察官が彼等の思想的乃至政治的信条に対して確乎《かっこ》たる信念を持つことが、先《ま》ず基本的な要請であります。

共産主義思想の放棄＝「転向」を求めることが「この種公安事件を適正に処理するため」にあたりまえの方針となっていることは、戦前の思想検察と何ら変わっていません。「過去の経験」には、治安維持法下の思想犯罪「処理」の膨大な経験の蓄積が含まれているはずです。そして、「確乎たる信念」とは反共の理念であり、「天皇の検察官」の意識でした。

敗戦を経ても「天皇の警察官」や「天皇の検察官」意識が戦前と基底でつながっていたことは、昭和天皇の侍従入江相政《すけまさ》の戦後の日記に散見する「賢所《かしこどころ》裏で警察大学終了生四百八十二名に賜謁」（一九五〇年四月一五日、『入江相政日記』第二巻、朝日新聞社、一九九〇年）、「優良警察官の奉拝」（一九五三年三月六日、同第三巻）などの事例からうかがえます。ストライキの頻発や共産党の進出を憂慮する昭和天皇自身の治安感覚も不変でした。四八年三月、芦田均の組閣に際して、すでに「象徴」となっていたはずの昭和天皇は、「共産党に対しては何とか手を打つことが必要と思うが」（『芦田均日記』第二巻、岩波書店、一九八六年）と述べています。

各組織の継承

ＧＨＱ「人権指令」による特高警察と思想検察の解体も束の間、ＧＨＱの了解のもとに、占領秩序および為政者層にとっての「民主主義の擁護」を掲げて「公安警察」と「公安検察」がいち早く創設され、戦後社会運動・民主主義運動の高まりに対応して拡充整備されていきました。

詳細は拙著『戦後治安体制の確立』（一九九九年）に譲り、ここでは概略にとどめますが、早くも一九四五年末には「社会秩序維持」のための「多衆運動」の「不法行為」取締りを名目に「警備公安警察」が創出されました。また、勅令第一〇一号（「政党、協会其の他の団体の結成の禁止等に関する件」四六年二月二三日施行）に規定する国家主義団体調査や外国人登録を担当する内務省調査局は、密かに左翼出版物の動向も監視していました。この調査局は、四七年末の内務省解体後の総理庁内事局を経て、四八年二月にその第二局は法務庁特別審査局へ、三月に第一局が国家地方警察に移行しました。罷免・追放されていた内務・特高官僚は「逆コース」到来とともに復活します。

これに対して、司法・検察官僚は戦後の司法機構にほとんどそのまま流れ込みました。「不法」な労働運動・大衆運動の抑圧と取締りに積極的に乗り出します。一九四七年九月に労働係検事が、五一年一二月に公安係検事が設置され、中央の法務府には労働社会課と公安課が設置されました。

特別審査局は、一九四八年一一月、元思想検事でゾルゲ事件や企画院事件を担当し、戦後は不敬プラカード事件を担当した吉河光貞が第二代局長に就任すると、左翼社会運動の取締りに急転回しました。特別審査局とその後身の公安調査庁の中枢は、「公安検察」と「公安警察」から成っていました。

これら戦後治安体制の主翼群というべき「公安警察」「公安検察」および公安調査庁は、それぞれの治安機能を分担・協力しつつ、治安問題の主導権をめぐり、競合・対立します。その点でも戦前は継続されていました。また、「公安検察」と「経済検察」（「特捜検察」につながります）の確執も生まれました。

戦前治安体制の「輔翼群」と位置づけたものはどうなったのでしょうか。経済警察・経済検察の場合、敗戦時に統制経済は崩壊の淵《ふち》にあり、取締り機関には非難が集中し、実質的に機能停止状態に追い込まれていました。しかし、機構そのものは継続しており、四六年になると、統制経済の再始動とともに復活してきます。眼前の経済急迫が「国民生活に加うる圧迫の深刻なる点に鑑みまするならば、治安上由々しき事態の発生をすら予想して万一の場合に備うるの覚悟が無ければならぬ」（一九四六年二月の経済係判検事会同における佐藤藤佐《とうすけ》司法省刑事局長、司法省『新経済月報』四六年四月）という、かつての「経済治安」に対する警戒と同質のものがみられました。

外務省警察は敗戦後まもなく消滅しますが、引揚げとなった警察官は「人権指令」の影響を受けることなく、その特高警察経験とノウハウを生かして、各府県警察や特別審査局、さらには入国管理局などに再就職しました。

治安法令の再整備

敗戦後、ＧＨＱの発した「人権指令」によって治安維持法や治安警察法は廃止を余儀なくされたものの、警察の予防検束に活用されていた行政執行法や警察犯処罰令などはそのまま残存しました。さらに占領政策保護のために制定されたポツダム勅令・政令を足がかりに、治安法令は再整備されていきました。

なかでも一九四九年四月の「暴力主義的及び反民主主義的な団体」の禁止を目的とした団体等規正令（勅令第一〇一号を改正）は、占領期最強の治安法となり、九月には在日本朝鮮人連盟の解散と公職追放が指令されます。その解散理由は「全国各地に亘《わた》って、しばしば占領軍に対する反抗反対或《あるい》は暴力主義的事犯を惹起《じやつき》し、ポツダム宣言を忠実に履践して平和なる民主的国家を再建しつつある我が国民生活の安全に対し重大なる脅威を醸成し来った」（法務府特別審査局『特審資料』五一年二月一日）というものでした。

また、一九四七年の二・一ゼネスト禁止令や五〇年の朝鮮戦争直前の日本共産党中央委員の追放、『アカハタ』発行停止などのマッカーサー指令は、占領期において法令と同様の効力をもっていました。レッド・パージの遂行も可能としました。これらの執行の主役となった特審局の規模は二倍に拡充されました。

四八年七月の大阪市公安条例を平時の先駆とする公安条例は各地で制定され、集会・デモの規制や取締りを規定し、大衆運動の抑圧に威力を発揮していきます。これには条例モデル案を提示するなど、GHQの強い要請がありました。

破壊活動防止法の成立

講和「独立」とともに団体等規正令などは失効となるため、それらに代わる新たな治安立法の制定が必要とされ、「講和後の治安対策の中心は日米安全保障条約」という位置付けのもと、

「公安保障法、ゼネスト禁止法などのほか集会デモ取締法、防諜法の立法」（大橋武夫法務総裁談、『朝日新聞』五一年九月一七日付）が準備されていきました。その中心となったのが「公安保障法案」で、これが曲折を経て五二年七月の破壊活動防止法の制定につながっていきます。

新治安法案の狙いは、「順序としてまず共産党を非合法化する前の緊急対策として、これらを取締るための厳重な立法を行うこと」（関之『破壊活動防止法の解説』文化研究社、一九五二年）にありました。講和「独立」後の日米安保体制を機能させていくうえで、国内の治安維持が不可欠だったのです。一九五〇年代前半において、共産党を中心とする勢力は脅威・障害とみなされていました。

朝日新聞
治安立法を考慮
「防衛軍」反対取締りも
大橋法務総裁語る

大橋武夫法務総裁談「公安保障法案」立案を報じる『朝日新聞』（1951年9月17日付）

急速に対共産党取締り機関としてクローズアップされた特審局の活動ぶりや大橋法務総裁の治安体制構想が当時の新聞などで大きく報道されると、世論は「治安維持法の再現」「特高警察の復活」と猛反発しました。廃止されてまだ数年しか経《た》っておらず、それらの獰猛《どうもう》ぶりは生々しく記憶されていたからです。

破防法案に限ると、立案当事者たちは「この法の立案は、治安維持法の苦き経験を反省することにより作業を進めたものである。従ってこの法からは、治安維持法が内包していた法的欠陥は、十分に排除したのである」（関）と弁明に努めました。かつて治安維持法の運用の当事者であった元思想検事の吉河光貞を長とする特審局が「治安維持法の苦き経験」などと臆面もなくぬけぬけと述べる点に、破防法の欺瞞性が露呈しています。

治安維持法と破防法の成立の経緯はよく似ています。立案当初（治安維持法の場合は一九二二年の過激社会運動取締法案）は、まず取締り対象を最大限に拡張した構想を提示して、世論の動向を観測しつつ、次第に当面必要とする範囲に取締り対象を絞り、「完全なる法案」に近づけたとするのです。[21]

破防法の場合、立案当初は団体届出制、不法団体解散と財産没収、公職追放、さらに予防拘禁制まで構想は膨らんでいましたが、反対論に配慮するかたちで、最終案は「必要最小限度の規定」＝「暴力主義的破壊活動」に絞ったとして、思想取締りにおよぶことはないとしました。しかし、「暴力主義的破壊活動」概念の不明確さ、「教唆・せん動」規定にあらわれる思想取締りの志向などに対する根強い批判がありました。これらの除外された部分は、かつての治安維持法がそうであったように、いずれ破防法が運用を拡大していった先の、「改正」を繰りかえしていく可能性を予告するものといえます。

治安維持法と破防法の類似性は、ともに行政警察的な機能を有していたことです。破防法は本来的に「ある危険活動を行う可能性がある場合に、その可能性を失わしめる」「一種の保安的な行政処分」（関之「破壊活動防止法の要旨」、『警察学論集』一九五二年七月）という予防的な措置を目的としていました。実際にそうした「調査」を業務とするのが公安調査庁であり、尾行・張込みにとどまらずスパイ活動を日常的におこなっていることは周知の事実です。

自衛隊の警務隊と調査隊

一九五〇年、警察予備隊が発足し、再軍備が始まります。この創立に際してＧＨＱから示された「大綱」の第一には、「予備隊の性格は事変、暴動、一定の限度をこえた政治的ストライキ、悪質な政治陰謀などに備える治安警察隊」とあり、さらに「強力な情報網をもつ」ことも入っていました（『日本労働年鑑』一九五二年版）。軍隊に本質的に備わる治安機能が、再軍備に

21　共謀罪法の場合も対象とする犯罪数を半減させることにより、取締り範囲を制限したかのような手法《トリック》を用いました。

保安隊のＭＰ
既に駐屯地へ配属
腰に警棒、自動ピストル
巡察はジープに乗って
〝憲兵化〟を極力戒しむ
ビルマ米に有害物

「警務隊」創設を報じる『毎日新聞』
（1953年2月13日付）

あたって重視されました。警察予備隊が国内治安の現状を強く意識していたことは、次の事例からもわかります。警察予備隊本部警務局編『警察予備隊資料』第三、四集（一九五二年三月、六月）に掲載された室戸久志「遊撃戦について」は、「日共（日本共産党）が日本国内に於て展開しようとする遊撃戦と武装行動綱領の二つの正体と概略」を検討した論文でした。その結語には、「講和条約発効後の国内における日共の遊撃活動は、益々激化の一途を辿るものと予想される」とあります。一九三〇年代の憲兵資料の治安認識と同一です。

一九五二年八月、警察予備隊が保安隊（自衛隊の前身）に拡充され、軍隊としての性格を強めると、当然のように憲兵的機能が創設されました。五三年二月一三日付の『毎日新聞』は、「保安隊の「ＭＰ」既に駐屯地へ配属　腰に警棒、自動ピストル　巡察はジープに乗って」という見出しで、「警務隊」の創設を報じています。「〝憲兵化〟を極力戒しむ」という報道のスタンスは、その徴候が感じとられたからでしょう。

この記事によれば、警務隊の規模は定員七二〇余人で、本部中隊と四管区ごとに一個中隊が配置され、保安隊の駐留地に分隊がおかれます。任務について、「①保安隊、警備隊〔海上警備隊、のち海上自衛隊となります〕内部に起った犯罪捜査　②保安隊員、警備隊員が一般国民に対して犯した犯罪の捜査　③一般国民が保安隊、警備隊に対して犯した犯罪の捜査」をあげます。①と②は軍紀にかかわる軍事警察ですが、③では「一般人の捜索はできる限りさけ」つつ、また留置も自らはおこなわないなどの「運営上」の注意を極力払うとしながらも、保安隊や警備隊に向けておこなわれた「犯罪」とみなされるものへの捜査を実行するとしています[22]。

警務隊とは別に、戦前軍隊の情報部門を引き継いだといえる調査隊も保安隊発足とともに創設されました。創設時の規模は二一四人で、本部のほか、本部直轄の分遣隊と各方面部隊に五つの分遣隊が設置され、警視庁出身の磯山春夫が隊長となりました。陸軍中野学校の出身者も加わります。五四年の防衛庁発足後は、陸上自衛隊調査隊となり、約六〇〇人を擁しました。海上自衛隊・航空自衛隊にも調査隊が編成されます（それぞれ約四〇人と約六〇人の規模）。

22　ただし、警務隊は軍隊内の警察任務を重視したアメリカ軍の憲兵をモデルとして発足しました。一九六〇年代を通じて、自衛隊では警務隊の戦前憲兵制度との継承関係を否定していたようです。

自衛隊各駐屯地に配置された調査隊派遣隊には、「自衛隊の行動および部隊の健全性保持に影響をおよぼす担当地域内の情勢を「基本的対情報収集項目」として平素から自主的かつ継続的に収集記録する」という任務がありました（高井三郎「知っておきたい情報科部隊の歴史と実情⑥」、『丸』二〇一四年一〇月）。また、次のような自衛隊をめぐって社会的な関心の集まる問題についても、入念な調査をおこなっていたということです（高井三郎「公然活動による情勢把握は常套手段だ　情報保全隊「流出文書」の真相」、『軍事研究』二〇〇七年八月）。

基本的情報収集項目による収集活動は当面の状況に応じ、中央が命ずるＥＥＩ（情報主要素）に応えるように努力の重点を指向する。ちなみに一九六〇年代後半には地対空ミサイル、ホークの米国からの導入に伴う対象勢力の動向把握がＥＥＩであった。当時の左翼はミサイルを侵略戦争の兵器と誤解し、集会、デモ、抗議行動を繰り返しており、横浜港における揚陸妨害、駐屯地への輸送・搬入阻止が懸念されていた。

これらの任務は調査隊から現在の情報保全隊に引き継がれました。二〇〇三年末からのイラク自衛隊派遣反対運動に対する監視活動はその一つです（後述）。

一九五〇年代半ばの確立

戦後の社会運動の急激な再興と社会秩序の混乱に直面した為政者層は、占領・講和期における治安体制の再生と創出を急ぎました。とくに占領期の政策転換＝「逆コース」が進められた一九四八年ごろから、治安体制の確立は統治体制のなかでも最優先課題となり、しゃにむに猛進します。

一九五二年四月の日本の独立をはさんだ第一三回国会では、「なによりも独立後の防衛治安力の急速な強化」がなされたと、五二年八月一日付の『朝日新聞』記事「「独立国家」を顧みて」は報じています。この国会で成立した破壊活動防止法に加えて、五一年の「公安検察」の設置、五四年の新警察法の警察中央集権化による「公安警察」の強化などを指標に、ほぼ五五年ごろまでに戦後治安体制の確立がなされたといえます。戦前治安体制の解体から一〇年も経っていません。これはいうまでもなく現代の治安体制の原型となっていきます。

戦後治安体制の特徴としては、爆発物取締罰則や暴力行為等処罰法、行政執行法などの戦前以来の治安法令や「検察」に顕著にみられる機構や人脈、さらに抑圧取締りのノウハウなどを踏襲したことが指摘できます。表向きは「人権指令」を遵法しつつ、罷免を免れた元特高警察関係者は戦後治安体制のなかに巧妙にもぐりこみました。

治安機構全体の人的・物的な実力からいえば、戦前を早くも凌駕《りょうが》するものになっていました。一九五〇年代には戦前特高警察の規模を「公安警察」は上回り、さらに別組織の公安調査庁は約一七〇〇人の人員を擁していました。また、安保改定の巨大な反政府運動にも実力で対峙しうる中央集権的警察の指揮系統下の「機動隊」を備え、その背後には自衛隊の「治安出動」も準備されていました。

文部省による教育統制もこの時期に強化されています。五三年五月、大達茂雄〈昭南〔シンガポール〕特別市長、小磯内閣の内相〉が第五次吉田内閣の文相になると、初等中等局長だった田中義男を文部次官に昇格させ、田中の後任に緒方信一〈青森・三重県特高課長、警視庁外事課長を歴任〉を据えました。この大達―田中―緒方ラインは日教組対策といわれ、「義務教育諸学校における教育の政治的中立の確保に関する臨時措置法」などのいわゆる「教育二法」を実現し〈五四年六月〉、教職員の政治活動を制限しました。

日米安保体制下の治安体制へ

一九五五年一一月、保守合同を実現した自由民主党の「一般政策」の第六「独立体制の整備」の一つとして、「共産主義、反民主主義活動に対する対策を確立し、国内治安を確保する」（自民党編『自由民主党党史　資料編』一九八七年）が加えられました。この具体的な取組みとして五六年二月、治安対策特別委員会（委員長青木一男）が設置され、公職追放解除後、国会議員となっていた相川勝六、富田健治、町村金五らの旧内務官僚がメンバーとなり、治安対策の急先鋒《きゅうせんぽう》となりました。

五六年から五七年にかけて、鳩山一郎内閣による日ソ国交回復への取組みが治安への危機感を強めました。かつての治安維持法制定の理由の一つが、日ソ国交の樹立にともなう共産主義思想の流入への対策であったことが想起されます。五六年六月一一日付の『朝日新聞』は、治安対策特別委員会を中心に「総合的な国内治安対策」構想を練る動きがあることを報じています。同記事では、岸信介幹事長の「いまの治安体制では治安の予防措置は覚つかない。昔の特高警察的なものは避けなければならぬが、独立国で政治警察をもたない国はない」という意向を紹介しています。

この時期には日本経営者団体連盟（経済団体連合会と統合して、現在は日本経済団体連合会）でも治安対策の強化を検討し、国家機密保護法の制定、共産党員の公務員・銀行・基幹産業からの排除、外事警察の復活などを自民党に要望しています。そのなかには、「入社試験の際の思想、経歴調査を強化し、社員の昇進については公安調査庁などと連絡を強めて社内の重要な地位へ進出するのを防がねばならない」（『日本労働年鑑』一九五八年版）などの対策も講じられていました。

五七年二月、岸政権になると、治安体制強化の動きは加速します。総評の春闘にも刺激され、総合的な警備対策の樹立が急がれました。六月二日付の『朝日新聞』は、「政府は間接侵略や大規模な騒乱、天災地変などに対処して直ちに強力な警備体制を布《し》けるよう計画を作ることになり、このほど内閣官房調査室、警察庁、防衛庁、法務省、公安調査庁など関係当局の間で連絡をとりながら具体案の検討を始めた」と報じます。

朝日新聞
夕刊
政府「警備動員計画」を検討
間接侵略や騒乱に備え

岸政権の「警備動員計画」検討を報じる『朝日新聞』（1957年6月2日付）

六月に渡米した岸首相は安保改定を提議しますが、自民党治安対策特別委員会が立案した「治安対策要綱」を持参し、アメリカ側に提示したといわれます（星野安三郎「戦後治安立法の制定過程」、『法律時報臨時増刊　治安立法』一九五八年一二月）。五七年七月二二日付の『東京新聞』

掲載の次のような「治安対策要綱」が、それに関連すると推測されます。

①日共を中心とするすべての反民主主義活動を抑圧するため、破防法改正やその他の新立法を制定する

②天災地変や暴動がおこった場合の対策として、戒厳令に代る新法をつくること

③防衛関係の広範強力な秘密保護法、スパイ取締法の制定をはかること

④総評などによるゼネスト対策として鉄道営業法・公労法を改正（罰則を設ける）して、あらゆる非合法実力行使を抑制すること

反政府的な運動が「反民主主義」の名のもとに抑圧されること、「秘密保護法」の制定が画策されていたことなどが注目されます。「戒厳令に代る新法」は、二〇一二年の自民党「憲法改正草案」の「緊急事態」の項につながっています（後述）。焦点は日ソ国交回復を契機とする治安への危機感から、安保改定に備えた治安体制の再強化へと移りました。リーダーシップをとった岸の治安構想は、五七年六月の渡米前に駐日大使ダグラス・マッカーサー二世（連合軍最高司令官ダグラス・マッカーサーの甥《おい》）に語ったという、次の一節によくあらわれています

（NHK取材班『戦後50年その時日本は』第一巻、日本放送出版協会、一九九五年）。

憂慮される暴力集団の横行に対処するため、警察の権限と権威の強化を図るための法案を九月の国会に提出する。これによって、共産主義者に対する対応を強化できる。一二月の通常国会では、減税法案を出す準備をしている。これは、労働運動、教育界、秘密情報保護〔秘密保護法〕のためにとろうと考えている戦略を遂行するうえで、また政権の人気を維持するためにも重要である。引き続き自衛隊の増強も計画している。さらに、参議院の全国区の廃止と衆議院の小選挙区制導入を決意している。これによって両院で自民党が三分の二の議席を獲得し、憲法改正を可能にしようと考えている。

一読して明らかなように、岸の孫である安倍晋三によって、この六〇年前の企図はそのまま実現の直前にまで進展したといえます。それは、第一歩を踏み出した新たな戦時体制がアメリカの意向にそったものであることを強く示唆します。

岸はまず五八年二月の記者会見で防諜法案の国会提出に言及します。自民党の治安対策特別委員会と国防部会でまとめた法案は、折衝中の防衛に関する外交交渉をも防衛秘密の範囲とするほか、漏洩には最高刑一五年の懲役を科すという、安保改定に備えるものでした。

これに対して、一九五八年九月二三日付の『朝日新聞』社説「〝国防省〟と〝防ちょう法〟の危険性」は、「この法案は、戦前、戦時にわたり国民が苦しめられた軍機保護法や国防保安法の復活を思わせるところに、見逃せない危険性がある」と指摘しました。他の新聞もこぞって批判的な論陣を張ったことに加えて、自民党内の足並もそろわなかったため、防諜法案の国会への提出は見送られました。治安維持法とともに軍機保護法がいかに悪法であったかの記憶は、まだ生々しく残っていたのです。

それに代わって抜打ち的に提出されたのが、五八年一〇月の警察官職務執行法改正案です。その改正理由は「わが国が独立を回復し、警察が現行法規を忠実に執行して、治安の確保を図る段階になって、その不備欠陥が次第に明らかになるとともに情勢の変化に伴う新しい要請も加わり、漸《ようや》く法改正の必要が痛感されるようになった」（警察庁『警察官職務執行法の一部を改正する法律についての資料』一九五八年）というものです。「情勢の変化」とは、五〇年代半ばからの労働運動・市民運動などの広範化と激化を指します。

岸が「警察官が責任をもって治安維持にあたるには、犯罪が起こる前にそれをある程度予防する措置も講じなければならない」（原彬久『岸信介　権勢の政治家』岩波新書、一九九五年）と語

またコワくなる警察官

デートも邪魔する警職法！

例によって、また騒ぎである。労働組合が反対し、文化人が反対し、社会党が反対する。賛成者は自民党、警察、政府。結局いつものお定りのコースだ。そして善良な国民が野球だ行楽のシーズンだと騒いでいる間に、夜盗のように最後の一線が越えられようとしている。

〝ここ過ぎて悲しみの町〟

なぜあなたのデートまで邪魔されねばならないのか——

これは、その特別レポートである。

恋人の前で手錠！

「デートも邪魔する警職法！」と報じる『週刊明星』（1958年11月9日号）

るように、「改正」法案のポイントは警察官の制止や立入権限の拡大強化という点にありました。戦前の治安警察法や行政執行法の再現が目指されたといえます。それらの行政警察的機能が全開してこそ、破防法を筆頭とする諸治安法令の威力が発揮されることになるはずでした。警察庁の説明では「個人法益の保護」に傾いている現状を「不備欠陥」とみて、「公共の法益の保護」を重視するものでした。

戦後の警察「民主化」の最後の砦《とりで》を崩そうとするものだけに、反対論を考慮して隠密裡《おんみつり》に「改正」作業は進められ、新聞に報道されると一挙に国会に提出されます。「またコワくなる警察官　デートも邪魔する警職法！」と題する『週刊明星』（五八年一一月九日号）の記事には、「警職法改正という最初の治安立法の第一のコマを倒せば、あとはもうショウギ倒し、ゾクゾクとお化けが登場してくれるに決ってる」とあります。破防法反対運動を上回る規模の反対運動が全国規模で急速に展開し、岸内閣打倒にまで高まると、警職法改正案は廃案を余儀なくされました。岸は「千載一遇の機会を失した」と概嘆します（岸信介『岸信介回顧録』廣済堂出版、一九八三年）。

「改正」には失敗したとはいえ、警職法はその後の運用で実質的な拡張解釈がなされていきました。安保闘争における「機動隊」の活動ぶりは、国会を取巻く「教授団」に対して、「重武装の千人くらいの警官隊が、アッという間もなく私たちに襲いかかった（略）私は先頭の彼らが「おまえらもミナゴロシだ」と叫んで殺到するのを何度もはっきりと聞いた」（藤田省三「6・15事件流血の渦中から」、『朝日ジャーナル』六〇年六月二六日号）という証言に明らかです。これも沖縄の辺野古《へのこ》や高江の「機動隊」警備と重なります。

安保改定では、国会請願のデモ隊が国会構内に突入した事態に、自民党では「国会の審議権の確保のための秩序保持に関する法律案」、いわゆる国会周辺デモ規制法案を五九年一二月に提出、翌日、衆議院で可決させました（その後、修正案が参議院で可決されますが、衆議院で採決されず、廃案となります）。その国会突入の中心となった全学連に対しては、法務省・公安調査庁では破防法の団体適用を検討しはじめたと報じられましたが、まもなく断念されました。しかし、全学連は公安調査庁から破防法の「容疑団体」とされて、その活動が常時監視されるようになります。

警察側でも対決姿勢を強めました。五九年一二月の全国警備課長会議で柏村信雄警察庁長官は、安保阻止統一行動（第八次）を「全学連や一部過激分子が大衆行動を混乱にひきずりこんだもの」（『朝日新聞』五九年一二月四日付）と指摘し、集団的不法越規事案について断固とした取締りをおこなうよう指示しています。

六〇年六月一五日のデモ隊と機動隊の衝突、学生樺《かんば》美智子の死という事態に危機感を抱いた自民党では治安対策特別委員会や暴力対策特別委員会が中心となり、一挙に防諜法、共産党員の公務員就職を禁止する特別立法、警職法改正などの実現に向けて動き出しました。そうした治安観を共有する岸首相は自衛隊の治安出動も画策しますが、その強権的姿勢は自民党内部からも反発を受け、退陣を余儀なくされ、政権は池田勇人《はやと》に交代します。

一九六〇年代「治安体制」の安定

池田内閣の国家公安委員会委員長に就任したのは、東久邇内閣の内相を務め、「人権指令」で罷免された山崎巖《いわお》でしたが、新政権が「低姿勢」を方針としたことと関連して強権的な治安政策は転回されます。一九六〇年七月三一日付の『朝日新聞』は、「治安立法強化せず」という見出しで、次のような治安政策の転換を報じました。

岸前内閣は先に安保新条約をめぐる混乱に対して、治安立法を含めた積極的な治安対策を早急に確立するとの方針を決めたが、山崎国家公安委員長は就任以来、池田首相、国家公安委員、警察庁幹部らと再三にわたって打ち合わせた結果、このほど（一）警職法、警察法、暴力行為等処罰法の改正など治安立法強化はいっさいやらない。（一）デモ取り締まりのための特別な対策は当面たてない。（一）その他、いわゆる〝大上段の〟治安対策には手をつけない。（一）その代わり、ここ数年計画で警察の機動力増強に努める。というハラを固め、この方針にそって治安対策に対処する意向である。

同記事によれば、警察当局にも安保闘争の要因として「岸内閣の強引な政治のやり方に対する反発が主」という認識があるほか、新治安立法が必要な差し迫った状況はなく、警察機動力の増強[23]の方が当面の治安維持に有効という判断がありました。さらにこの直前に最高裁判所で公安条例合憲の判決が出たことも、池田内閣にとって援軍となりました。池田首相自身も、ま

23　一万人増員計画の達成や「機動隊制度の再編成、訓練方式の改革」などの実現。

破防法の「改正案要綱」を報じる『朝日新聞』（1961年4月6日付）

もなく「内閣としては国論を二つに割るような政策をとる考えはなく、憲法改正、治安立法、小選挙区制などを強行する考えはもっていない」（『朝日新聞』六〇年八月一八日付）と言明します。

しかし、本質的に反体制運動に対する抑圧取締りの態勢はそのままでした。六〇年一〇月の浅沼稲次郎社会党委員長暗殺事件、六一年二月の嶋中事件という衝撃的な右翼テロ事件がつづくと、「テロ対策」を名目に自民党治安対策特別委員会は新治安立法の緊急性を訴えて、政府・治安当局を突き上げました。富田健治（旧内務官僚、警保局長・長野県知事などを歴任）を小委員長とする「破壊活動防止小委員会」は、「破壊活動防止法改正案要綱」をまとめます。そこでは、テロ対策よりも「〝安保騒動〟のような事態の再発防止を目的に、集団的暴力行為の規制を主眼」（『朝日新聞』六一年四月六日付）としていました。

政府側からは破防法改正ではなく単行法の制定という意向が示され、「政治的暴力行為防止法案」（政暴法案）として、六一年五月、国会に提出されます。富田は法案の意図を、「破防法の対象となっている内乱、外患誘致、騒擾等よりも、犯罪として少し低い、軽い行為を対象とするものであるから、現行破防法を第一級とすれば、第二級破防法の意味」（「政治的暴力活動防止法案について」、『民族と政治』六一年五月）と述べています。破防法には「公共の安全の確保」とありましたが、政暴法案ではテロ防止に名を借りた「民主主義の擁護」を目的に掲げました。

池田内閣は、自民党の治安強硬グループの突き上げにあって政暴法案を国会に提出し、衆議院では強行採決までおこないます。一挙の成立が困難となると継続審議としましたが、世論の大きな反対には抗せず、六二年五月に政暴法案は廃案となりました。池田内閣の「低姿勢」はポーズにすぎず、機会さえあれば治安体制の強化を狙っていたことは為政者層の本質的願望といえます。

一時は「ムリ押し」をし、「ひどいマサツ」を引き起こしかねなかった政暴法案に懲りた池田内閣では、あらためて「正しい低姿勢をとり、治安立法、労働三法改正などは一切政策の表面に出さずにきたが、今後もその方針を続けたい」（大平正芳官房長官談、『朝日新聞』六一年六月二七日付）と述べざるをえませんでした。六二年一月の自民党大会で田中角栄政調会長から報告された「政策大要」では、「国民所得倍増計画を着実に達成するため必要な政策」（『自由民主党党史　資料編』）が最優先され、一九五〇年代までは掲げられていた国内治安の確保はもはや取りあげられなくなっていました。安保闘争後、治安体制の安定と呼べる状況が生まれていたのです。これに連動して、自民党のなかで治安グループの発言力は低下しました。

治安体制の相対的役割の低下

一九六〇年代において政治的な意味合いで治安政策の比重は低下しましたが、それは治安体制の縮小や弱体化を導いたわけではありません。治安状況は安定したがゆえに、統治体制のなかで相対的に役割が低下していきました。六〇年安保以後、治安体制に依存する必要性が減じたり、あるいは依存することのマイナス面が考慮されるようになったからと思われます。

一九五〇年代半ばの治安体制の確立以後、警職法改正反対闘争、安保闘争、さらに五九～六〇年の三池争議などを通じて、治安当局はある意味で治安確保への自信を深めていきました。その自信は整備された各治安機構の日常的な運用によってもたらされたもので、より強権的な治安政策をとる必要は当面なくなったと判断されました。第二次池田内閣の国家公安委員会委員長に就任した安井謙は「現行の法体系でも、それを十分に活用すれば、治安対策は円滑に運営できると思う」（『朝日新聞』六一年七月二六日付）と述べます。

この治安体制の相対的な役割の低下は、次のように考えることができます。

第一章・第二章で概観したように戦前治安体制が必要とされ、戦争遂行体制の重要な一画を担って猛威を振るったのは、総力戦体制の障害とみなしたものを一掃する役割を求められたからでした。それと比較するとき、曲りなりにも戦後の日本に戦時体制が現出しなかったことが大きいといわざるをえません。大多数の国民にとって、十五年戦争の国内外にわたる膨大な犠牲への痛烈な反省があったことは疑いえないことです。戦時体制の構築がなされなかったことが、確立されたとはいえ治安体制のフル運用を必要としなかったのです。

それでも、とくに一九五〇年の朝鮮戦争開戦の前後にGHQ自身が強権を行使し、これに乗じて日本の治安当局も共産党の実質的な非合法化やレッド・パージを断行したことは、戦時における治安確保に準じた状況が短い期間ながら現出したことを意味します。

もう一つ、安保闘争の高揚が三池争議や政暴法案反対闘争につながっていくものの、六〇年代の社会運動が総体として停滞していったことも、対峙する治安体制の存在感を小さくしていきました。高度経済成長下、「政治の季節」から「経済の季節」へと劇的に転換していったのです。

総じて戦後の社会運動のなかにさまざまな齟齬や弱さなどをもちつつも、自由と平等から成り立つ民主主義、戦争を否認する平和主義、ひとりひとりの人格が尊重される人権主義の実現の要求が、それらの社会運動の源泉となり、広く社会に共有されることにより、戦後治安体制に抗しえたともいえます。こうした戦後の諸価値は、理念としてだけでなく、特高警察や治安維持法への脅威・恐怖などによっても多くの国民に受け止められてきました。

したがって、戦後治安体制は「民主主義の擁護」で粉飾せざるをえず、「公安警察」を特高警察の、「公安検察」を思想検察の、破防法を治安維持法の復活とみられることを否定してきました。しかし、そうした否定も、多くの国民は内実を見抜いていました。為政者層の用いる「民主主義」とは別の、もう一つの「民主主義」＝「戦後民主主義」の諸価値の希求と尊重は、破防法の運用を封じ込めるだけでなく、それを足がかりとする、より強力な治安立法の制定を何度も阻止し、言論・出版の自由をおおむね確保してきました。

治安体制強化の衝動

役割の相対的な低下にもかかわらず、常に治安機構・機能の強化が図られていった事実も見逃すことはできません。広中俊雄『戦後日本の警察』（岩波書店、一九六八年）は、一九六二年を「警備公安警察強化の年であった」とします。外事警察が拡充されるほか、島根・広島・群馬・新潟・三重・愛知・岐阜・静岡などの各県で公安条例の制定やより厳しい改定がおこなわれます。また、警棒や拳銃の使用基準が緩くなりました。

六三年五月、自民党安全保障調査会（メンバーは治安対策特別委員会と重複）の例会に講師として呼ばれた江口俊男警察庁長官は、「近ごろは、ここ二、三年のうちでもっとも事件が少なく比較的平穏に過ぎている」とする一方で、警職法の改正や防諜法の制定に加えて、「自衛隊、警察その他を含めて最大限の実力を発揮するための装備とその行動の裏づけになる法令の整備」（自民党安全保障調査会『安全保障と治安問題』一九六三年）を要望しました。

一九六〇年代以降、社会運動や社会状況の変転に対応して治安体制は機構・組織の拡充や法令の改正などを繰りかえした後、一九九〇年代に質的な転換を遂げ、さらに二〇一〇年代にさらなる変質を急速に進めているのが現状といえます。この間の展開の過程を跡づけることは今後の課題ですが、たとえば、次の史料は、一九六〇年代後半、激動の「政治の季節」が遠のいた段階でも、公安調査庁が実際にどのような業務をおこなっているのかを示すもので、治安体制が厳然と活動していることを再認識させます。実は公安調査庁はたえず政府内からも不要論・縮小論にさらされていたのですが、おそらくその存在意義をアピールするために、六八年七月付の「公安調査庁業務概要」という文書（ミシガン大学図書館所蔵、「秘」扱いではない）では「調査結果の利用」の項目の一つとして「行政面への利用」を掲げました。

イ　〔法務〕大臣に報告し、行政面への利用を願うこととする。

ロ　参考資料、情報は関係官庁に送り、行政の資に供する。

ハ　官公庁、重要産業内に潜在する党員〔日本共産党員〕については、事情の許すかぎり管理者に通知し、適切な処置の資に供する。

ニ　公務員等の採用について依頼に基づいて点検を行なう。

ホ　国鉄、国税、全司法等のごとき矯激な労組に対しては、その白書を作成し、関係官庁の行政の資に供する。

ヘ　日共の直接指導下にあり、年ごとに勢力を拡大している民青同〔日本民主青年同盟〕の重要産業、学生間への浸透状況等の実態について資料を関係者に供する。

ト　学生諸団体の越規的行動に対する実態を調査し、関係諸官庁の行政の資に供する。

チ　北鮮系朝鮮人〔引用ママ〕の共産主義教育の実態についても白書を作成し、行政の資に供する。

リ　破壊的団体の構成員の違法行為についての資料をとりまとめ、これが《ママ》取締りの資に供する。

ヌ　与党の関係委員会については、求めに応じ、常時情勢の説明をなし、施策の資に供する。

これらからは、公安調査庁が日常的な業務として広い範囲でレッド・パージ的な「調査活動」をおこなっていることがわかります。それは「公共の安全の確保」の名のもとに、基本的人権を侵害するかたちでなされており、おそらく現在でも実施されていると推測されます。

たえず治安体制は現状に不安を感じ、それを封殺するために自らの強化を繰りかえしていくことを本来的な衝動としてもっています。不十分ながらも戦後的価値観が社会的に定着してきたことへのいらだちや焦慮からでしょう、戦後治安体制の理念である「民主主義の擁護」を放棄するかのように、一九七〇年代半ばには公然と政府当局者のなかから治安維持法肯定論や特高警察容認論が飛び出してきます。一九七六年から七七年の国会審議においてなされた稲葉修法相らの発言では、治安維持法による検挙・裁判・刑執行、特高警察による不法な拷問・長期の不当拘留・スパイ使用などの弾圧が、「悪法も法」の論理を用いて、また当時の社会秩序の維持のためとして、正当化され、一片の反省もなされなかったのです。政府のその基本的姿勢は、二〇〇五年の南野《のおの》知恵子法相の治安維持法容認発言（後述）にみられるように現在でも変わっていません。

第四章　長い「戦後」から新たな「戦前」へ
――どのように現代日本は新たな戦時体制を形成してきたのか

　集団的自衛権の容認に始まり、ついに自衛隊が「駆けつけ警護」という名の交戦義務を負わされ、南スーダンに派遣されました。幸いにも一人の死傷者もなく部隊は帰還を果たしましたが、この一事だけをとっても、すでに日本は実質的に新たな戦時体制のなかにあるといえます。安倍政権はそのようにみられることを否定するからこそ、派遣地における「戦闘」を記載した「日報」を隠蔽《いんぺい》しました。

　ここに至るまで、どのような経過をたどって現代日本は再び戦時体制に突き進んできたのでしょうか。この章では、防衛・自衛隊のあり方に深くかかわる「積極的平和主義」とシーレーン防衛論に焦点をあてて述べていきます。あわせて、一九八〇年代以降の新たな「戦前」への転換の状況をみていくことにします。

現代と日中戦争前夜との類似性

二〇一四年夏から秋にかけて、「慰安婦」問題をめぐる植村隆元朝日新聞記者と当時非常勤講師を務めていた北星学園に対してなされた誹謗中傷《ひぼうちゅうしょう》と威嚇は、常軌を逸した卑劣さと怖さをもっていました。その発端となったのが週刊誌であり、全国紙の追随がそれに拍車をかけ、しかもネット上には猛烈なバッシングの嵐が吹き荒れました。それらが民間から湧きあがったものであることは、次のような理由で現在と一九三〇年代半ばの日中戦争全面化の前夜を重ねあわせるものでした。

戦時体制の形成過程については第一章で述べました。治安維持法が新たな標的を探しはじめる一方で、一九三五年の天皇機関説事件、三七年の矢内原《やないはら》忠雄事件、三八年の河合栄治郎事件という、「学問の自由」や「大学の自治」にかかわる言論抑圧と統制が一挙に進みました。現代の「植村問題」と同様に、それらの発端はいずれも当時の民間右翼・国家主義者によって焚《た》きつけられたものでした。

天皇機関説事件の場合、岡田啓介内閣は統治権の主体が天皇にあり、機関説を否定する「国体明徴」声明を二度も出すことを余儀なくされ、それを契機に「教学刷新」の大合唱がおこりました。矢内原・河合各事件では、自由主義的学説・言論の追放を実現させます。東大経済学部で矢内原・河合の同僚であった大河内一男の「日華事変の始まった十二年七月から十六年ぐらいまで、この間が思想統制としては陰湿で、いろいろな検挙があったり、非常に暗い時代で」（「「平賀粛学」と戦時の経済学部」、『東京大学経済学部五十年史』東京大学出版会、一九七六年）あったという回想が、あらためて強い実感をともなって想起されます。

「植村問題」惹起の社会状況と深く結びついているのが、二〇一三年末の特定秘密保護法の強行可決、一四年七月の集団的自衛権容認の閣議決定という政治状況です。これらの延長線上に、一五年九月の安保関連法の強行可決、一七年六月の共謀罪法の強行可決があります。これらがまたたく間に成立し、安倍政権が「一強」でありつづけているのも、新たな戦時体制にともなう思考と行動を許容し、支持する一定の政治的・社会的土壌が存在しているからでしょう。

「植村問題」を契機として、現代の言論統制や社会の窒息化の徴候に多くの人々は危機感と怒りを共有し、植村・北星学園支援に立ち上がりました。私自身も含めて、今こそ声をあげねば、という多くの思いが堰《せき》を越えてあふれ出たからです。その世論喚起が功を奏し、植村氏とその家族への不当な中傷や威嚇を撥《は》ね除《の》けたことは、一挙に現代の言論統制が進行することを阻止しえただけでなく、新たな戦争の前夜が近づきつつあることを社会に向けて警鐘を鳴らすという点で大きな役割を果たしました。[24]

しかし、その後の安保関連法と共謀罪の成立・施行は、枠組みとしての新たな戦時体制の完成に大きく前進させました。自衛隊の南スーダン派遣につづく集団的自衛権発動による海外派兵、特定秘密保護法や共謀罪を適用する事件の立件化などを食い止め、さらにその先に予定されている憲法改正に向けて、せめぎ合いの段階に私たちは直面しています。

新たな「戦前」への始動

現代を一九三〇年代半ばの日中戦争前夜と比定すると、戦時体制の始点というべき満洲事変前後は、戦後のどの時代に相当するのでしょうか。

かつて関東軍の謀略で引き起こされた一九三一年九月の柳条湖事件が満洲事変として拡大し、国民の排外主義を沸騰させ、総力戦体制構築に急転回したことに照応する出来事を、戦後史のなかに見出すことはできません。三谷太一郎『日本の近代とは何であったか』(岩波新書、二〇一七年)の指摘を借りると、「戦後日本は国民主権を前提とする「強兵」なき「富国」路線を

24 その記録は「負けるな北星!の会」記録編集委員会『北星学園大学バッシング　市民はかく闘った』(二〇一七年)として刊行されました。

追求することによって、新しい日本近代を形成した」のです。

そうした急転回はなかったとしても、「戦後」は時間の経過とともに次第に変容し、新たな「戦前」への転換は一九八〇年代以降、徐々に進められてきました。「強兵」と「富国」が再び結びつきはじめたのです。三谷は二〇一一年三月一一日の東日本大震災と原発事故を契機に、行き詰まった「富国」路線が「強兵」の主張を呼び覚ましつつあると述べていますが、治安体制や防衛のあり方からすると、経済の停滞とは裏腹に、かなり前から「富国+強兵」路線が目指されていました。

その徴候は、まず一九八〇年代には警備公安警察の活性化にみることができます。最初の著書『特高警察体制史』(せきた書房、一九八四年)の増補版刊行の機会(一九八八年)を得たとき、その「あとがき」に次のように記しました。


四年前の本書初版刊行以来、予想を上回るテンポで警察をめぐる状況は、より一層社会運動を抑圧し、国民の生活と思想を管理統制する方向に進みつつあるといえる。一九八五年六月の「国家秘密法案」の国会上程、八六年一一月の日本共産党幹部宅電話盗聴事件、八七年秋の沖縄国体に際する過剰な厳戒警備などはその代表的な事例である。そして、これからの数年間を予測するとき、新たな緊張感とともに暗澹《あんたん》たる気分をも抱かざるをえない。

「これからの数年間」とは、八〇年代に顕著となった「過剰な厳戒警備」の到達点として、来るべき昭和天皇の「大葬」警備（実際には八九年二月）とつづく「大礼」警備（実際には九〇年一一月）を念頭においたもので、その予測通りの空前の警備が展開されました。日本共産党幹部宅電話盗聴事件は、神奈川県警察本部警備部公安第一課がおこなった組織犯罪でしたが、警察はあくまで関与を否定しつづけました。

なお、一九八八年には公安調査庁が日本共産党本部前のマンションの一室から、ビデオカメラで党本部に出入りする人物を撮影していたことが発覚しました。

シーレーン防衛論の登場

防衛のあり方をみるうえで、一九八〇年代に浮上したシーレーン防衛論に注目してみます。それはアメリカの軍事戦略に追随・従属する日本の防衛のあり方を鮮明にします。防衛庁の制服組の間では以前から検討されていたことですが、一九八一年五月のレーガン大統領との会談で、鈴木善幸首相は「一〇〇〇カイリ防衛」を約束します。デタント後の新冷戦のなかで、ソ連軍の太平洋進出を阻止することが目的でした。航続距離の長いバックファイアー爆撃機を有する極東ソ連軍の脅威が強調されました。

シーレーンというと、京浜地方からグアム島に至る南東航路帯と、阪神地方からフィリピン海峡に達する南西航路帯が想定されますが、実際には二つの航路帯を挟むグアム以西、フィリピン以北の扇状海域を意味するようになっていきます。その広大な海域でソ連の潜水艦や航空機の侵入を防ぐ役割を、日本はアメリカから求められたのです。これが、八三年一月、中曽根康弘首相訪米時の「日本列島不沈空母」発言や「三海峡封鎖」構想につながります。

この対米公約に基づきアメリカは日本に防衛力の増強を迫り、防衛庁はそれをテコに「五九中業」（一九八六年から九一年までの中期業務見積り）のなかに、「シーレーン（海上交通路）防衛能力の強化を最重点項目」とし、「量の確保と同時に質的充実にも力を入れる」方針を打ち出します（『読売新聞』八四年一月一六日付）。

一九八五年に国家機密法案が浮上したのは、防衛力整備拡充をめぐる日米の結びつきの強化を背景として、機密保持の要請が高まったからです。このときには廃案となりますが、二〇一三年に特定秘密保護法として成立します。

二様の「積極的平和主義」

集団的自衛権の行使容認の閣議決定、その具体化としての安保関連法制の成立を強行する第二次・第三次安倍政権の拠りどころとなっているのが、「積極的平和主義」という言葉の多用です。実はこの「積極的平和主義」は安倍首相の独壇場ではなく、一九九〇年代初めから提唱されていました。その内の一つ、「THIS IS 読売」一九九一年一月号掲載の猪木正道「積極的平和主義への転換」は、湾岸戦争での日本の対応を「腰ふらついた日本政府」「自衛隊派遣でサル知恵」などと批判し、「世界のGNPの一五%を占めるに至った経済超大国の日本が、見ざる・聞かざる・言わざるの受動的・消極的平和主義で責任を果たせるはずがない。我々は今や受動的・消極的平和主義から能動的・積極的平和主義へと躍進しなければならない」と論じました。自衛隊法の改正や「非常事態法の制定」なども提言していました。

九一年七月には、関西経済同友会の安全保障委員会が、ポスト冷戦体制のなかで「自国本意の平和主義」から脱却し、「経済力にふさわしい国際的責任を踏まえた「積極的平和主義」に立つべき」として、国連の平和維持活動（PKO）への自衛隊派遣、有事法制を含めた危機管理体制の本格的整備などを提言します（『朝日新聞』大阪版、九一年八月一日付）。

これらは安倍首相の「積極的平和主義」の源流ともいうべきものですが、経済大国として自信を深めて「富国」のさらなる拡充と、専守防衛から海外派遣を新たな任務とする自衛隊の「強兵」志向が結びつこうとしています。

一方で、まだ一九九〇年前後には「積極的平和主義」は対極の意味でも使われていました。自衛隊の違憲を真正面から問うた百里基地訴訟で、原告の住民側の論理は「非武装、非暴力の抵抗、積極的平和主義こそ憲法九条の精神」（『北海道新聞』八九年六月二一日付）というものでした。

湾岸戦争における戦費負担と自衛隊派遣について批判する立場から、憲法学者の奥平康弘は「日本の貢献策」について、「今日までの日本国憲法の平和主義は、非戦、反戦の「消極的平和主義」だったといえる。しかし、米ソ対決の冷戦構造が終わり、国際情勢が変わったと同時に国際社会における日本の発言力や責任が飛躍的に高くなってきた。従来の「消極的平和主義」に加えて「積極的平和主義」の役割が求められるようになってきた」と論じています（同、九一年二月一四日）。奥平の主張する「積極的平和主義」は、軍隊化した自衛隊の活用ではなく、「丸腰」で平和に役立つものとされ、「自衛隊とは全く違う国民合意が得られる非武装の組織」も選択肢の一つとされます。[25]

九〇年代前半、政権与党の自民党のなかで、自衛隊のあり方をめぐる議論が活発化していました。湾岸戦争における日本の関与に対する国際的評価が低かったとして、九二年二月、自民党は小沢一郎元幹事長に主導された「国際社会における日本の役割に関する特別調査会」の提言を公表しました。新たに「安全保障に関する日本の持つべき理念」として、「積極的・能動的平和主義」が掲げられ、憲法前文を引いて「正義と秩序を基調とする国際平和を守り抜くために、時として、国際社会が一丸となって専制を黙認しようとすることは、決して日本に名誉ある地位をもたらすものではない」とします。具体的には自衛隊はPKO活動だけでなく、「国連軍」への参加も可能とします。日本も軍隊・軍備を有する、いわゆる「普通の国」になるべきという論です。

これに対しては、自民党内からも異論がありました。栗原祐幸憲法調査会長は憲法前文の「つまみ食い」で、「憲法の精神を「積極的平和主義だ」と断ずるのは非常な独断だ」と批判し

25 なお、奥平は死去する前日の二〇一五年一月二五日の調布九条の会で、遺言のように「まやかしの「積極的平和主義」」に「断固として反撃」することを呼びかけました。「日本国憲法の平和主義はまさに普遍的なことであり、世界に向かって普遍的に主張しうることです。その対極にあるのが覇権的とか、好戦的とか、帝国主義先制攻撃平和主義とか、そういうものです。彼らがいま、好き勝手に形容詞を付けている「積極的平和主義」もそういうものです。この状況をしかと眺めてみましょう」と(「伝言――「積極的平和主義」という言葉」、奥平康弘『「憲法物語」を紡ぎ続けて』かもがわ出版、二〇一五年)。

たとのことです（『朝日新聞』九二年二月二一日付）。もちろん、その異論でも自衛隊の専守防衛の枠を取り払うことには反対ではなく、ＰＫＯ活動への協力を着実に積み重ねていくことが先決だとします。

また、九二年一二月には自民党政調会長の私的諮問機関である「安全保障問題懇談会」が「現行憲法下で集団的自衛権を認め、自衛隊が多国籍軍に参加できる、との憲法解釈見直しを求める提言をまとめた」と報じられました（『毎日新聞』九二年一二月二三日付）。ここでも「国際平和に貢献する「積極的平和主義」への転換」を基調とします。

「安保再定義」

一九八九年の冷戦終結から九一年の湾岸戦争後にかけて、自民党のなかでも自衛隊のあり方をめぐって錯綜していましたが、全体的には実質的な「積極的平和主義」転換の方向に集約されていきます。その画期となったのが、一九九六年四月、橋本龍太郎首相とクリントン大統領による「日米安全保障共同宣言」です。「両国間の緊密な防衛協力が日米同盟関係の中心的要素」であることが確認され、「安保再定義」と呼ばれました。

この「安保再定義」を受けて、一九九七年、朝鮮半島有事を想定して「新ガイドライン」が合意されます。「日本周辺地域における事態で日本の平和と安全に重要な影響を与える場合（周辺事態）の協力」として、「施設の使用」（「補給等を目的とする米航空機・船舶による自衛隊施設及び民間空港・港湾の使用」など）、「後方地域支援」（補給・輸送・整備・警備など）、「運用面における日米協力」（情報交換・機雷除去など）が明記されました。地理的な限定のない「周辺事態」に際して、自衛隊は米軍の「後方支援」にあたることが約束されました。専守防衛から逸脱して、海外派遣に大きな道筋を開くことになりました。九九年には周辺事態法が成立します。

その後、二〇〇一年のテロ対策特別措置法、二〇〇三年のイラク特別措置法とつづき、自衛隊の海外派遣が増大します。さらに、二〇〇一年の九・一一テロ事件以降、有事法制の議論が高まり、〇三年には武力攻撃事態対処関連三法、〇四年には国民保護法などの有事関連七法が相次いで成立しました。

「戦争ができる国」批判の登場

このように自衛隊が役割を大きく変質させ、憲法第九条を空洞化する新たな戦時体制の構築という状況に、「戦争ができる国（国家）」という表現を用いて、憂慮と危機感が表明されるようになりました。全国紙のデータベースや国会図書館サーチなどで「戦争ができる国」を検索してみると、一九九八年ころから登場します。その初出というべき『朝日新聞』九八年六月二四日付の湯浅一郎（ピースリンク広島・呉・岩国）「戦争協力法を本当につくるのか」は、周辺事態法案への関心の喚起を求めたものです。

二〇〇二年八月一五日付の『北海道新聞』社説は「終戦記念日　備えが憂いを招きかねない」と題して、「わが国を再び「戦争ができる国」にする有事法制の真の狙いは新たな対米協力にある」と論じました。さらに、翌年の社説「終戦記念日　再び加害の側に立つまい」では「専守防衛の国是を踏み越え、米軍の要請があれば自衛隊員が、世界中どこへでも派遣される可能性が現実のものとなりつつある」として、「戦争ができる国へ、米軍とともに戦う国へ、と突き進む今」に強く警鐘を鳴らしています。

現代史家の山田朗《あきら》は、二〇〇二年七月の『前衛』で「有事関連三法案が登場したことによって、湾岸戦争以来、進展してきた〈戦争ができる〉国家・国民づくりは、新しい段階に踏み込んだといえる」と論じました。急ピッチで自衛隊の海外派遣を恒常化させつつある政府・与党に対して、「戦争ができる国」＝新たな戦時体制の構築という認識と批判が広く定着したといえます。

自衛隊海外派遣反対運動の抑圧本格化

日米同盟として「再定義」がなされた日米安保体制の実践として自衛隊の海外派遣が相次ぐ事態に、各地で反対運動が高まりました。これに対応して、治安当局の活動が活発化します。その表面化した事例の一つが、二〇〇三年一一月からの自衛隊イラク派遣反対の市民運動に対する陸上自衛隊情報保全隊[26]による監視活動です。

情報保全隊の作成した「イラク自衛隊派遣に対する国内勢力の反対動向」の「趣旨」は、「自衛隊イラク派遣に対する国内勢力の反対動向に関する全国規模のものを週間単位でまとめたものであり、今後の国内勢力の動向について分析の資とするものである」とされました。二〇〇四年一月一二日から一八日にかけての「国内勢力の動向に関するコメント」では、「全般」として「派遣自体が本格的に始まった今週は、先週と比べ、総数的に再び急激に増加するとともに、内容的にも、大規模人員を動員した集会・デモ、自衛隊イラク派遣に関連する駐屯

26　情報保全隊は、二〇〇〇年の海上自衛隊幹部による在日ロシア大使館武官への秘密情報漏洩事件を機に、〇三年三月に調査隊を改組して創設されたもので（定員は約一〇〇〇人）、「主な任務は他国の諜報活動による自衛隊からの情報流出防止のほか、自衛隊に批判的な団体の隊員との接触の監視、秘密を取り扱う隊員の身辺調査など」（『朝日新聞』二〇一六年二月二日付）とされました。

地及び基地に対する抗議行動が、中方〔中部方面隊か〕を筆頭に各地で行われた」とします。

同時に明らかにされた東北方面情報保全隊の「情報資料」（二〇〇四年一月一六日）では、一月七日から一四日の間に東北地方で二六件の活動がみられ、「ほとんどは、自衛隊のイラク派遣に反対する宣伝活動」であったとします。この「情報資料」が「2　一般情勢　（1）国政及び地方自治体の動向　（2）治安情勢　3　反自衛隊活動　4　外事」という構成となっているように、広汎な領域・問題について情報保全隊による日常的な情報収集がおこなわれていることは確かです。

この情報収集活動を違法として訴えた裁判の控訴審における情報保全隊の元隊長による証言によれば、「対象になり得る」とされた「情報収集の目安」には、「イラク派兵反対や核兵器廃絶の署名を集める」ことや「スーパーの前で反戦平和の歌を歌う」ことなども含まれます（『朝日新聞』二〇一六年二月二日付）。戦前の憲兵が、反戦反軍とみなした一般社会の言動を監視と抑圧の対象としたことに相当する広範な情報収集が、現在においてもすでに実施されているのです。

また、〇四年二月の公安警察による立川反戦ビラ事件などは、反対運動に対する威嚇であり、萎縮効果を狙ったものでした。立川反戦ビラ事件は、市民団体のメンバー三人が東京都立川市

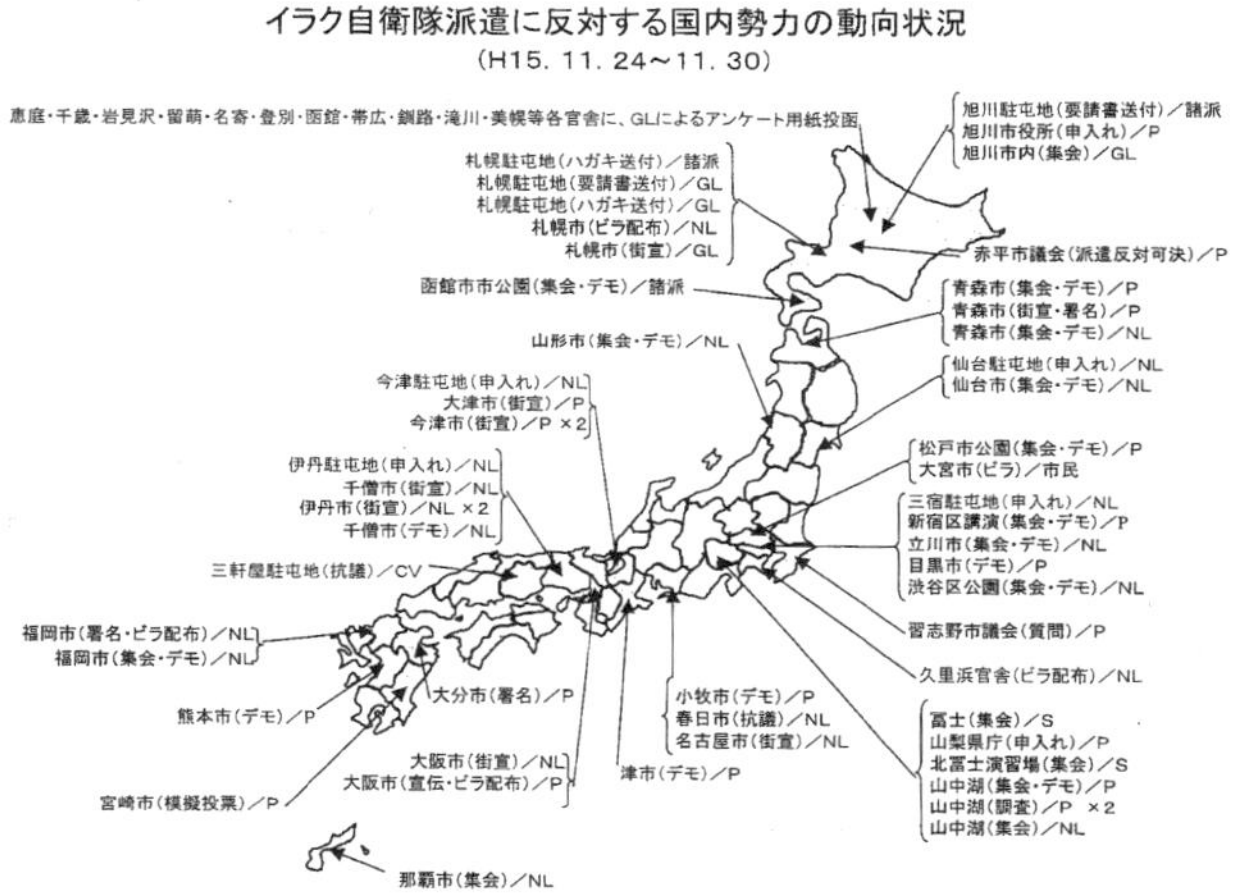

自衛隊情報保全隊「イラク自衛隊派遣に対する国内勢力の反対動向」(2003年12月2日)

の防衛庁官舎で「自衛隊のイラク派兵反対！」のビラを郵便受けに入れたことに対して、二月末に住居侵入容疑で逮捕され、七五日間の長期勾留を受けたものです。事務所や自宅も家宅捜索されました。第一審の判決では、政治的なビラの配布について、「憲法二十一条一項の保障する政治的表現活動の一態様であり、民主主義社会の根幹を成すもの」とし、商業的宣伝ビラに比べてはるかに大切という判断に立って無罪としましたが、控訴審・上告審では罰金刑の有罪判決が下りました。

その後も同様な事件が相次ぎました。

それらは、新たな戦時体制の構築と密接

に連動した治安体制の抑圧の本格化を物語っています。

「周辺事態」の自衛隊出動へ

一九八〇年代にソ連脅威論として主唱されたシーレーン防衛論は海上自衛隊増強の大きなテコとなったものの、ソ連崩壊・冷戦終結とともに見直しをせまられました。九〇年代後半には集団的自衛権の行使容認論に関連して、新たなシーレーン防衛論の前兆が生まれます。

一九九六年五月、「日米防衛協力のための指針（ガイドライン）」見直しに際し、日本側は「極東有事」を「日本周辺地域事態」にあらためる方針をとりました。「朝鮮半島有事や中国・台湾間の紛争などに加え、南沙諸島における武力衝突や海上輸送路（シーレーン）での海賊行為、「第二次湾岸戦争」といった危機についても、自衛隊が米軍への後方支援を実施するための共同対処計画の研究を行うことが可能となる」と報じられました（『読売新聞』九六年五月一八日付）。その後、防衛事務次官は「日本の領土・領海だけでなく、シーレーン（海上交通）に危険が差し迫った場合にも、周辺事態と判断できる」（『朝日新聞』九八年四月一四日付）と発言するようになります。

こうした「周辺事態」に自衛隊出動の道が開かれるなかで、経済界からも集団的自衛権の行使を求める声があがりました。その率直な発言の一つが、九六年の『読売新聞』連載「日本は安全か——安保再考」（読売新聞安保研究会『日本は安全か——「極東有事」を検証する』として一九九七年に増補刊行）への牛尾治朗経済同友会代表幹事のコメントです。「米国の場合、海外進出企業が地域紛争に巻き込まれても、空母を派遣すれば安泰かもしれない。しかし日本の場合、現状のままだと、個別企業が天に祈るしかない」と述べて、暗に自衛隊出動による海外進出企業の保護を求めます。かつての日本軍が「権益」擁護を名目に出兵した、そのままです。

牛尾はアジアにおいて「地域的な紛争の発生は避けがたい」現状で、「日米安保が安定の基軸」であり、集団的自衛権は「企業の常識からいうと当然だ」とします。市場経済の繁栄のためには「平和秩序の維持」が絶対に必要であり、「地域的な紛争」を解決するための軍事力の発揮に日本も積極的に関与すべきという論理です。その「平和秩序の維持」とは、日本やアメリカにとっての「権益」確保・拡充のために好ましい状況にほかなりません。

「海上警備行動」の発動

一九九〇年代後半、新たに海上自衛隊の活動を広げるうえで効果的だったのが、不審船対策としての「海上警備行動」の発動でした。[27] 九九年三月二四日、日本海での日本漁船を装った国籍不明の不審船拿捕《だほ》のために初めて発動されます。[28] 三月二三日、「海自と海保　潜水艇侵入に共同対処　マニュアル作成へ」（『北海道新聞』九九年三月二三日付）と報じられた翌二四日、日本海沖の不審船二隻に対して初めて「海上警備行動」が発令され、護衛艦の追跡と警告射撃、哨戒機《しょうかいき》による爆弾投下がなされましたが、不審船は逃走しました。

「海上警備行動」の発動にもかかわらず拿捕できなかったこともあり、すぐに武力行使を認める自衛隊法改正や「対領空侵犯措置」のような措置を領海・領土にも適用すべきとする声が防衛庁関係者や自民党からあがります。なかでも注目されるのは、五月三日、読売新聞社による「領海警備強化のための緊急提言」です。「一、自衛隊に領海警備任務を付与せよ　二、領海警備における自衛隊の武器使用は、国際法規・慣例に準拠させ、武器使用基準を整備せよ」などの内容ですが、この提言の背後には「自衛権の発動といった本格的な有事に至らないまでも、わが国の安全を脅かすような不法行為から、わが国の領域をいかに守るか、という新たな課題に取り組まなければならない必要性が出てきた」という判断があります。

その後、二〇〇一年一二月二二日、東シナ海で起こった不審船銃撃・沈没事件では海上保安庁の巡視船・航空機が対応しましたが、「海上警備行動」の発動には至りませんでしたが、「万一の場合に備えて海上自衛隊が「威嚇の目的」（首相周辺）でイージス護衛艦を現場に向かわせるなど、万全の態勢をとった」(『朝日新聞』〇一年一二月二三日付)と報じられました。

二〇〇二年四月に政府がまとめた今後の不審船対策の指針には、「工作船の可能性の高い不審船については、不測の事態に備え、政府の方針として、当初から自衛隊の艦艇を派遣する」、

27 自衛隊法第八二条では「防衛大臣は、海上における人命若しくは財産の保護又は治安の維持のため特別の必要がある場合には、内閣総理大臣の承認を得て、自衛隊の部隊に海上において必要な行動をとることを命ずることができる」という「海上における警備行動」を規定しています。

28 実はこの事件以前から、すでに「海上警備行動」発動の準備が進んでいました。九六年九月の朝鮮民主主義人民共和国(北朝鮮)の潜水艦が韓国に侵入した事件を直接の契機に、一二月二四日、潜航して日本の領海に侵入した外国の潜水艦を浮上・退去させるため、閣議抜きで首相が自衛隊の出動を承認できるとする対処方針を閣議決定したのです。これに基づき、「海自は九七年から第一線の自衛艦隊を中心として西日本沖の太平洋などで定期的な訓練を開始。昨年六月上旬には朝鮮半島近くの日本海側で、護衛艦と対潜哨戒機の部隊が海自の潜水艦を「目標」に本番さながらの追跡を繰り広げた」(『北海道新聞』九九年三月二四日付)とされます。

29 防衛庁防衛研究所編『東アジア戦略概観』二〇〇〇年版は、その第三章「東アジアにおける海洋の安全保障環境」において、「日本海を舞台に展開された不審船の追跡」「活発化する中国の海洋調査活動と海軍艦艇の行動」「アジアの海に跳りょうする海賊」について述べたあと、それらの「排除あるいは抑止」のために、「平時において、海洋の治安と秩序を維持し、海洋を安定的に利用できる状態を確保するための海上防衛力の役割」を強調しています(同時に、「それを有効に機能させるための多国間の協調的対応」の必要性もあげています)。こうした見解は、二〇〇〇年代の海上自衛隊の拡充の方向を指し示すものとなりました。

「遠距離から正確な射撃を行うための武器を整備する」（『日本の防衛（防衛白書）』二〇〇二年版）などの措置が盛り込まれました。[29]

「積極的平和主義」の再登場

一九九〇年代に「積極的平和主義」は間欠的に提唱されましたが、定着するまでには至りませんでした。それでも自衛隊のＰＫＯ部隊としての海外派遣は、なし崩し的に付随的任務から本来的任務になっていきました。二〇〇〇年代以降、「積極的平和主義」は憲法第九条の拡張解釈として再登場します。その流れを形づくったといえるものが、二〇〇一年三月、経済企画庁の外郭団体であった総合研究開発機構の報告書『積極的平和主義を目指して——「核の傘」問題を含めて考える』です。一九九九年から二年間の討議結果をまとめたもので、基本的な考え方は次のようなものです（「要約」の冒頭部分）。

我々日本人は21世紀に向けて、日本自身の生存が世界の他の地域と分かち難く結びついているという認識に立ち、世界の平和のために積極的に貢献することで「世界の中で生きる日本人」としてのアイデンティティを確立していく努力を行う必要がある。確かに、従来からの「平和の破壊者、侵略者にはならない」、「核兵器は保有しない」、「武器は輸出しない」といった日本の平和主義も世界平和に大きく貢献してきているが、今後は、これに加えて、「日本は世界平和のために何かをする」という積極的平和主義を展開していくことが望ましい。

ここでは消極的・受動的「平和主義」を全否定はせず、「国際貢献」ではなく「世界平和」のためとして「積極的平和主義」の展開をうながします。第5章「21世紀の平和維持活動と日本の役割」(要約)では、国連の平和維持活動に「これまで以上に積極的に参加していく必要」を強調し、「凍結されたままになっている自衛隊の部隊などによるいわゆる平和維持活動の本体業務の早急な凍結解除」とともに、「日本のPKO五原則の見直し」を提言します。その具体的内容は、しばりとなっていた「停戦合意の存在や日本の参加への関係当事者の同意等の条件」は「国連の平和維持開始の決定によって満たされたものとみなす」こと、および「武器使用」の容認――「国連の慣行との整合性を図る努力」をおこなって「憲法解釈の問題」を乗り越えるとします――などです。いずれも、海外派遣された自衛隊が制約なく活動できることが優先されます。おそらくこの国連平和維持活動に関する討議をリードしたのは、一〇名の「コア研究会委員」のなかの三名の防衛庁関係者と思われます。また、後述する伊藤憲一もこの委員の一人です。

二〇〇三年七月、柳井俊二（中央大学教授、外務審議官・外務次官などを歴任）も、「日本が侵略を繰り返さないという日本の平和主義、言うならば「消極的な平和主義」、それだけではもう足りません。国際平和への貢献には十分ではない。積極的に平和を維持・回復する、そういう「積極的な平和主義」というものが必要なんです」（『政策情報　TODAY & TOMORROW』二二三号）と発言しています。

「美しい国」

二〇〇六年九月、安倍政権が誕生しますが、第一次政権（二〇〇七年九月まで）の間、「積極的平和主義」は用いませんでした。このときのキーワードとなったのは「美しい国」です。七月、ポスト小泉に向けて自民党総裁選向けに政権構想をまとめた『美しい国へ』（文春新書）を出版します。九月二六日の首相就任の記者会見では、自らの内閣を「美しい国創り内閣」と命名しました。二九日の衆参両院本会議での所信表明演説は、「政府の憲法解釈で禁じられている集団的自衛権の行使については、「個別具体的な例に即し、よく研究する」とし、歴代首相として初めて容認に向けた検討に着手する方針を表明。憲法改正に言及し、教育基本法改正案の早期成立を目指す考えも示す。持論の『美しい国、日本』を掲げ、文化や伝統、自然、歴史を大切にする姿勢を強調するなど「戦後レジーム（体制）」からの脱却を意識した保守色の濃い内容となる」（『毎日新聞』〇六年九月二九日付）と報じられました。

〇七年四月二一日付の『毎日新聞』は、「「美しい国」大合唱、保守の「精神論」全面に」という見出しで、「保守主義を掲げる安倍政権が、国民の精神面に働きかける取り組みを強めている」とし、「各省庁も「美しさ」のオンパレード」ぶりを取りあげています。また、六月一九日の閣議決定「経済財政改革の基本方針２００７」（「骨太の方針０７」）が「「美しい国」へのシナリオ」という副題を付したことに対して、二〇日付の『毎日新聞』社説は「経済財政構造や構造改革にまで、美しい国を持ち出す意味は、どこにあるのだろうか」と批判を加えました。こうした抽象的で情緒的な概念を貫こうとしたことが、第一次安倍政権の行き詰まりと唐突な放り出しを必然化させま

安倍晋三『新しい国へ　美しい国へ　完全版』文春新書、2013年

した。
その頓挫の反省をもとに第二次政権においては、やはり抽象的でありながらも「積極的」な平和主義という強いメッセージを前面に押し出しました。この「積極的平和主義」が威力を発揮し、「戦後レジームの解体」をかなりの程度進めたこと、同時にアメリカへの従属性を強めたことについては後述します。

教育基本法の「改正」

二〇〇五年四月二四日付の『朝日新聞』は、第二次小泉政権の中山成彬《なりあき》文科相の次のようなインタビュー記事を掲載しました。

先の大戦の敗戦のショックが大きかったことと、戦後のマルキシズム、共産主義の影響で、日本の戦前は非常に悪かったという歴史観がはびこった。(略)戦後、国民をいじめるのが国家だといわんばかりの風潮もあった。だが、皆国に守られてるのですよね。自分のことだけでなく、国、人のために貢献できる人になることを目標にして生きていくことが大事だ、と教えていくべきではないかな。

「国、人のために貢献できる人になること」を強調した中山文科相の教育観・国家観は、やや突出気味とはいえ、為政者層の本音を露呈したものといえます。「たたき込み」という語句も用いていいます。それは、一九三〇年代後半の「教学錬成」を容易に連想させます。このような発想の下で、二〇〇六年一二月、教育基本法の「改正」が強行されました。

一九九〇年代後半以降、自民党内で教育基本法改正の動きが強まり、歴代自民党政権を通じてその気運を高め、二〇〇三年三月には中央教育審議会の答申として見直しが提言されました。そのなかで、「新しい「公共」を創造し、21世紀の国家・社会の形成に主体的に参画する日本人の育成」、「日本の伝統・文化を基盤として国際社会を生きる教養ある日本人の育成」が注目されました。これらはそのまま「改正」教育基本法のなかに盛り込まれましたが、要するに、先の中山文科相の考える「国、人のために貢献できる人になること」が新たな教育目標となったというべきでしょう。

第一章・第二章で見たように、総力戦を遂行するために「弾圧と拘束」が猛威を振るった結果、「わが国の教育は、まったく、極端な国家主義と軍国主義的色彩に塗りつぶされるに至った」（教育刷新審議会『教育改革の現状と問題』日本放送出版協会、一九五〇年）のでした。[30] それを直視せず、「日本の戦前は非常に悪かったという歴史観がはびこった」という考え方に立って、「公共の精神」「伝統と文化」の尊重を新たに加えた教育基本法「改正」が実現し、現在に至る教育政策・教育行政がおこなわれてきました。その象徴ともいうべきものが、二〇一七年の「教育勅語」容認・肯定です。

教育基本法「改正」を待つまでもなく、実際の教育の場面において「弾圧と拘束」と呼べる状況は、とくに東京都において顕著に生まれていました。一九九九年以来の石原慎太郎都知事のリーダーシップのもと、「君が代」斉唱の強制に代表されるように、異常とも思える教育統制の嵐が吹き荒れました。二〇〇〇年二月の石原都知事の施政方針演説には、「21世紀の東京を切り拓《ひら》いていくのは、「志」と「創造力」をもった若者です。私は、まず他人を思いやる心をもち、地域や国家、国際社会に目を向け、進んで「公」に貢献する、「志」をもつ若者を育てていくことが必要と考えます」（「石原知事施政方針」都庁ウェブサイト）とありましたが、それは教育基本法「改正」を先取りしたものでした。また、二〇〇八年以来の橋下《はしもと》徹知事による大阪府の教育政策・教育行政も、同様な教育統制を基調としました。

「生命線」としてのシーレーン防衛論

二〇〇一年にアメリカにブッシュ政権が、日本に小泉純一郎政権が成立すると、日米の防衛政策のなかに「シーレーン防衛」がまた組み込まれていく状況が生まれました。〇一年五月一

30

ここで、あらためて戦後教育の再建に際して、戦前教育がどのように総括されていたかをみてみます。一九五〇年、南原繁らを中心とする教育刷新審議会から報告書として公刊された『教育改革の現状と問題』の「序論」の、戦時下の教育についての記述です。「一貫してわが国民教育の大本」であった「教育勅語」の「基調をなすものは、皇室を中心とする日本国体観と、これに基づく忠君愛国の国民の養成に在った」として、さらに次のようにつづけます（『教育刷新委員会教育刷新審議会会議録』第一三巻、一九九八年）。

「この教育方針は、満州事変を経て、日華事変に入るに及んで、更に極端化され、戦争体制に即応せしめるために、一九三七年（昭和十二年）設置された教育審議会の決議による、いわゆる「教学刷新」において、頂点に達した観がある。これは、一に「皇国の道」を教育の基本とし、「皇国民の錬成」を目標とするということであった。「小学校」の名称を改めて「国民学校」とし、あるいは文部省に「思想局」や「国民精神文化研究所」を設置したのも、この時であった。それは、学校教育についてのみでなく、一般の社会教育についても同様であって、わが国の教育は、まったく、極端な国家主義と軍国主義的色彩に塗りつぶされるに至った」

戦前教育の「過誤」の痛烈な自覚から、戦後の「教育の根本改革と新たな再建」が導かれ、一九四七年の教育基本法の施行となりました。翌四八年、「教育勅語」は国会で排除・失効が決議されます。すでに一九五〇年前後は「逆コース」のなかで戦後「民主主義」教育の方向転換がなされつつある段階でしたが、教育刷新審議会では戦時下の教育統制の実態を直視することから、戦後教育改革を総括しようとしたのです。そこでは、「日本国民と日本の教育者が過去数十年、その下で窒息させられていた弾圧と拘束」にも言及しています。

三日付の『朝日新聞』は、アメリカ側は日本の「一〇〇〇カイリ・シーレーン防衛」を見直し、マラッカ海峡やペルシャ湾まで拡大させたい要望をもっているという記事を載せます。ただし、六月末の小泉・ブッシュの日米首脳会談では日米同盟の強化で合意したものの、シーレーン防衛拡大への具体的な進展はありません。

これを一転させたのが、九月一一日のアメリカ同時多発テロ事件（九・一一事件）の衝撃とその報復としてのアフガニスタンやイラクで展開された対テロ戦争でした。アメリカ側からの「日本の旗を揚げてほしい」という求めに応じて、「目に見える協力」に前のめりとなった政府は、自衛艦の派遣を急ぎます。九月中のインド洋への派遣（イージス艦を含む護衛艦二隻と補給艦一隻）が防衛庁設置法第四条の「調査・研究」に基づく情報収集・警戒監視活動として予定されましたが（『朝日新聞』〇一年九月二五日付、『毎日新聞』同九月二七日付など）、世論の強い批判を受けて、一時保留となります。

政府はあわただしくテロ対策特別措置法の成立を図ります（一〇月五日の閣議で法案を決定、「国際貢献」の名のもとに二九日可決）。国会における審議過程では「シーレーン確保」という趣旨からの説明はなされませんでしたが、受入れ国の同意を条件に、自衛隊の活動範囲は「現に戦闘が行われておらず、活動の期間を通じて戦闘が行われない公海およびその上空、外国の領域」へと大きく広がり、「条件付きながら自衛隊は全世界に出向くことが可能」になりました（『北海道新聞』〇一年一〇月五日付）。

この施行直後、海上自衛隊の護衛艦二隻と補給艦一隻がインド洋に向けて出港し、アメリカ軍のアフガニスタン空爆に対する後方支援という実績づくりが急がれました。その活動の実態として、アラビア海で活動するイージス艦「きりしま」（少し遅れて二〇〇二年に派遣）は、「米英艦に給油する海自補給艦を守る任務だけでなく、対イラク戦に軸足を移す米軍を支える役割も担い始めていた」と、二〇〇三年二月一一日付の『北海道新聞』は指摘しました。補給艦中心の後方支援を趣旨とするテロ対策特別措置法を逸脱するものでしたが、既成事実が積み重ねられました。

それでも二〇〇〇年代前半においては、自衛隊の運用方針としてシーレーン防衛を前面に打ち出すことはまだできませんでした。たとえば、〇二年七月のインド国防相との会談で、中谷元《げん》防衛庁長官は「我が国のシーレーン防衛に向けた防衛力整備は一千カイリまでで、その先は米軍に期待している。歴史的経緯があって難しい」と述べたとのことです（『朝日新聞』〇二年七月一〇日付）。

二〇〇二年一二月、アメリカがイラク攻撃に踏み切った場合に、ペルシャ湾を航行する日本のタンカーを守るためとして自衛艦の派遣が検討されました。根拠とされたのは自衛隊法の「海上警備行動」で、一二月七日付の『朝日新聞』が石破茂防衛庁長官談として、「アメリカは公海上を航行する日本の船を守る義務はない。それならば日本の護衛艦が守る」と報じるように、派遣を優先させる名目とされました。この時点では実現には至りませんでしたが、その後も「イラクが機雷を使った場合を想定し、ペルシャ湾に掃海艇を派遣する」案が検討されます(『朝日新聞』〇三年二月一二日付)。

「シーレーン防衛」を求める声は次第に高まりました。防衛庁防衛局長・事務次官などを歴任した秋山昌廣は『朝日新聞』への寄稿(〇四年七月二三日付)のなかで、一〇〇〇カイリ・シーレーン防衛政策は「近年および今後の海洋安全保障を展望すると、この方針を堅持するのは妥当ではない」として、次のように論じます。

日本は資源の多くを海外に頼る一方、製品や半製品を海外に輸出している。そのほとんどは海上輸送による。日本の船舶が行き来する航路帯の安全は国益そのものだ。(略)アメリカの軍事力はいま、ほとんどイラクに投入され、シーレーン防衛にまでは手が回らない。日本が自ら守らなければならないのは自明の理ではないか。大体、海上自衛隊はすでに、日本から一千マイル以上離れたインド洋に給油艦や護衛艦を派遣し、アフガニスタン復興に従事する各国の軍隊を後方支援している。海賊対策として海上保安庁はこれまで、巡視艇を海外での共同訓練やパトロールに派遣し、大きな成果をあげてきた。今後は、危険がありそうな海域には護衛艦を派遣し、共同訓練やパトロールを通じて、日本の船舶を守るべきである。

秋山は〇六年一一月九日付の『読売新聞』への寄稿でも、「国家の安全保障の根本は単純明快、「備えあれば憂いなし」である。わが国に海上自衛隊があり、海上防衛とシーレーン防衛が国家防衛の重要な要素となっているのは事実だ」と記しています。また、〇五年一二月八日、民主党の前原誠司代表はワシントンでおこなった講演「民主党の目指す国家像と外交ビジョン」において、「日本の主権・権益を守るための防衛力や法律の整備は毅然として行わなければならない。シーレーン防衛は千カイリ以遠を米国に頼っているが、日本も責任を負うべきだ。これには憲法改正と自衛隊の活動、能力の拡大が必要になるかもしれない」と述べ、集団的自衛権の行使も容認しました（『朝日新聞』〇五年一二月九日付）。この自民党とも見まがう見解は民主党の内外から多くの批判を浴びましたが、まもなくシーレーン防衛論が現実化する一つの呼び水となったといえます。

シーレーン防衛が再び具体的な自衛隊の活動と結びつけられて論議されるようになるのは、二〇〇七年の海上自衛隊のインド洋上の給油活動の継続をめぐってでした。[31] 二年間の時限立法であったテロ対策特別措置法の失効がせまったため、海上自衛隊のインド洋派遣、そして燃料補給などの活動を継続させるため、政府（福田康夫首相）は新テロ対策特別措置法案（補給支援特別措置法）の成立を図ります。その際にアピールされたのが、シーレーン＝「命綱」「生命線」防衛論でした。

〇七年一〇月九日の衆議院予算委員会で、「日本の生活のためにもこの海域のシーレーンというラインを守らなきゃいけません」という中谷元（自民党）の質問に、福田康夫首相は「シーライン」を「日本の生命線」と呼び、原油輸送を念頭に「日本の血液の補給がとまってしまうということになりますので、これは何としても阻止をする。これは、ですから、諸外国に協力するという観点もございますけれども、同時に、我が国の安全を守るということが大事」と答えました（『衆議院委員会議事録』第一六八国会）。

「海上交通」＝シーレーンの安全確保が「国益」とみなされましたが、インド洋上のイージス艦の活動をみても、実態はシーレーン防衛を名目として実質的な集団的自衛権の行使といえる「米軍との一体化」をさらに進めようとしたものでした。資源・エネルギー・食糧などの輸送路確保を「生命線」や「国益」とすることで、シーレーン防衛論は息を吹き返しました。

すでに、シーレーン防衛の既成事実化も図られていました。〇七年九月、ベンガル湾におけるインド・アメリカ・日本・オーストラリア・シンガポール五カ国による海上合同演習「マラバール」が実施されています。「インド洋から太平洋への原油輸送などシーレーン防衛で参加国の連携を強化するのが狙い。インド洋沿岸諸国を支援し軍事協力網の拡大を図る中国に対するけん制を意識した内容」（『北海道新聞』〇七年九月五日付）でした。

二〇〇八年から〇九年にかけて内閣官房・外務省・防衛省が各地で開催した「防衛問題セミナー　テロに立ち向かう日本」の資料は、「我が国にとってもテロは身近な脅威」という現状認識に立ちます。海上自衛隊の活動について、「海上阻止活動に参加する各国艦船の作戦効率の向上に大きく寄与し、海上阻止活動の重要な基盤。我が国の補給活動に対する各国からの評価は大変高い」とし、「海上輸送路にあたる海域の安定化は、石油の安定供給にも関わる」と説明します。結論部のチャート図には、「補給活動を中断すると…」「日本が国際社会で果たす

31　洋上での給油活動を「現場報告」する〇七年一〇月一日付『読売新聞』の記事は「海自給油、一か月後期限切れ　テロ監視網の緩み必至」という見出しで、シーレーンが日本にとって「命綱」であることを強調して、自衛艦のインド洋派遣と給油活動の継続を求めました。

べき役割を果たせない」事態となり、「自らが恩恵を受ける活動に日本は『ただ乗り』」という批判を受けて、「国際社会で孤立。我が国の信頼・地位が低下」していくと危機感を強調します。

海賊対策としてのシーレーン防衛論

二〇〇八年ごろになると、アフガニスタンでの「対テロ戦争」も新局面に入り、自衛隊からの給油量も減ってきたため、テロからのシーレーン防衛という理屈が説得性を失いつつありました。その代わりに浮上したのがソマリア沖の海賊への対策です。アフリカのソマリア周辺海域で海賊行為が頻発し、商船やタンカーの被害が出ると、日本にとっての生命線であるシーレーンを守れという声が新たな「国際貢献」の名のもとで高まりました。

海上保安庁による海賊への対応では距離や装備の面で限界があるとして、自衛隊の派遣論が具体化してきます。二〇〇八年一〇月一八日付の『朝日新聞』は、政府内では「かねて海賊対策の可能性」を探っており、「海自艦船が対象海域を航行する商船を護衛▽哨戒機が海賊の動向を監視▽後方支援として他国の海賊対策船に給油」などが検討されていると報じました。

一二月二五日、自衛隊法にもとづく「海上警備行動」を根拠に麻生《あそう》太郎首相は派遣方針を明

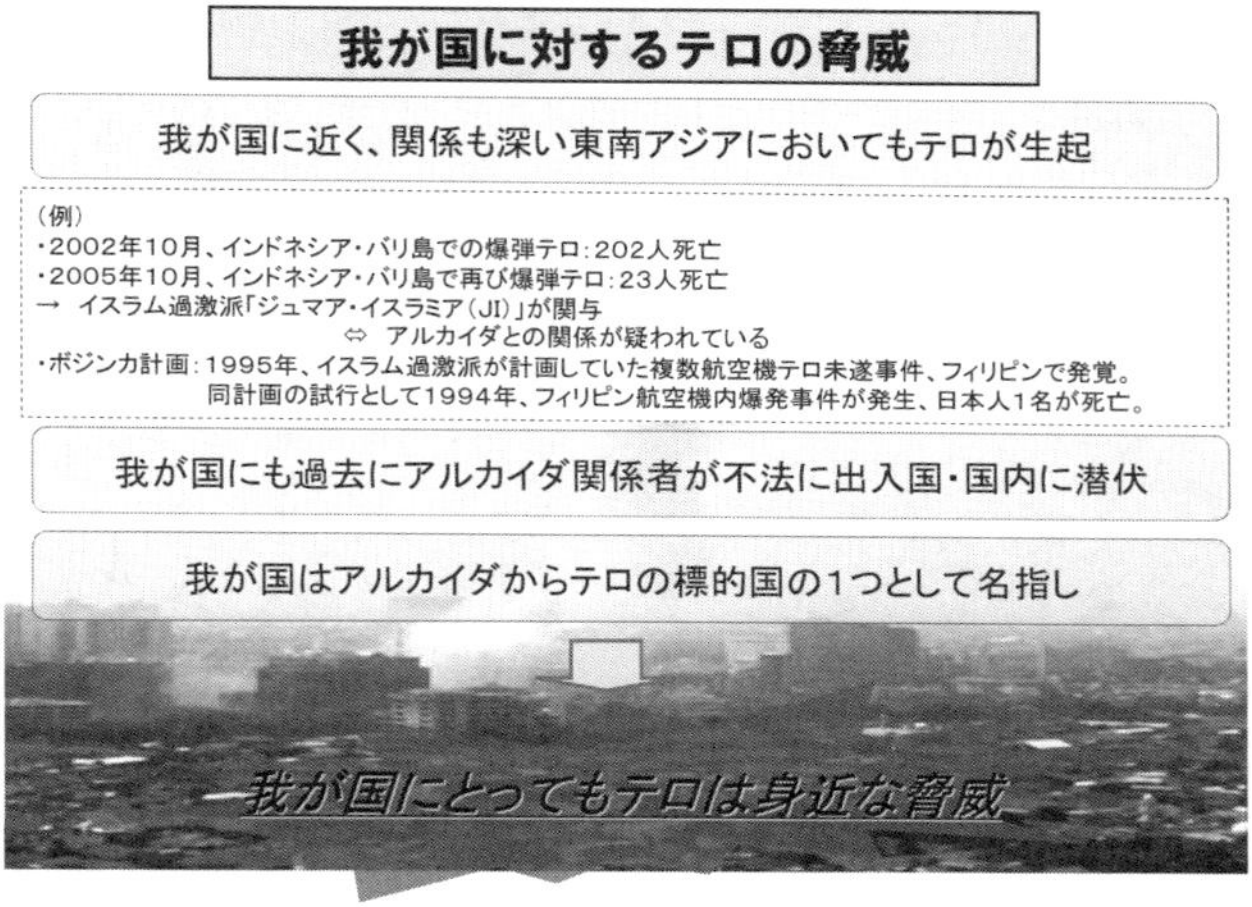
我が国に対するテロの脅威
我が国に近く、関係も深い東南アジアにおいてもテロが生起
（例）
・2002年10月、インドネシア・バリ島での爆弾テロ：202人死亡
・2005年10月、インドネシア・バリ島で再び爆弾テロ：23人死亡
→ イスラム過激派「ジュマア・イスラミア（JI）」が関与
⇔ アルカイダとの関係が疑われている
・ボジンカ計画：1995年、イスラム過激派が計画していた複数航空機テロ未遂事件、フィリピンで発覚。
同計画の試行として1994年、フィリピン航空機内爆発事件が発生、日本人1名が死亡。
我が国にも過去にアルカイダ関係者が不法に出入国・国内に潜伏
我が国はアルカイダからテロの標的国の1つとして名指し
我が国にとってもテロは身近な脅威

補給活動を中断すると・・・

●日本が国際社会で果たすべき役割を果たせない。

●自らが恩恵を受ける活動に日本は『ただ乗り』。

↓

国際社会で孤立。我が国の信頼・地位が低下。

内閣官房・外務省・防衛省「防衛問題セミナー　テロに立ち向かう日本」（http://www.mod.go.jp/rdb/hokkaido/seminar/shiryou/seminersiryou15.pdf）

言します。〇九年一月二三日付の『朝日新聞』によれば、麻生首相は「護衛艦がそこに存在しているだけで犯罪抑止効果がある」と考えているとのことです。一月下旬、浜田靖一防衛相は海上自衛隊に派遣準備の指示をおこない、三月一三日、「海上警備行動」発動を指示、翌一四日、護衛艦二隻が出港します。

海洋政策研究財団（現笹川平和財団海洋政策研究所）の「ニューズレター」第二〇六号（〇九年三月五日）に「シーレーンの安全確保のために」を寄稿した古澤忠彦（安全保障懇話会理事長、元海将・三井造船顧問）は、シーレーン防衛が国家戦略として位置づけられるべきとして、「海上防衛力（海自）、海上警備力（海保等）および海事基盤力（海運界等）が、国家の強い意志で主導され三位一体となってこそ、強力な海洋総合力（シーパワー）が構成され、安全な海上物流が達成される」という論を展開します。かつて戦前の北洋漁業では漁船・工船に掲げられた「日章旗」と軍艦旗である「旭日旗」が「渾然一体」となっていましたが、二〇〇〇年代において再び商船・タンカーなどの掲げる「日章旗」と護衛艦の掲げる「旭日旗」が「渾然一体」となる状況が生まれたのです。「富国」と「強兵」の密接な結びつきが求められました。

初めに「派遣ありき」という結論がありながら、「つなぎ」の緊急措置として「海上警備行動」を根拠にしたため、これを解消するために、政府は〇九年三月一三日、海賊対処法案を国会に提出します。自衛隊に「海上において海賊行為に対処するため必要な行動をとる」という新たな任務を追加しました。護衛対象を日本関係の船舶から他国の船舶にまで拡大するほか、武器使用を拡大して船体射撃も認めます。「我が国の経済社会及び国民生活にとって」（第一条）という「国益」が、ここでも前面に押し出されてきました。与野党の対立の末、海賊対処法は六月一九日に可決、七月二四日に施行されます。海上自衛隊のP3C哨戒機もジブチを拠点にアデン湾での警戒監視活動を開始しました。

日本経済団体連合会は一〇年四月二〇日公表の「海洋立国への成長基盤の構築に向けた提言」において、ソマリア沖の海上自衛隊の護衛活動について、「船舶の安全な航行にとって大きな効果をあげており、産業界としても高く評価する」と記しています。さらに「マラッカ・シンガポール海峡に関しては、わが国のエネルギー供給ルートとして船舶が通過するなど重要性が高いため、関係国の協力により適切な対策を実施する必要がある」とします。

中国海軍脅威論とシーレーン防衛

『世界の艦船』二〇〇九年二月号は「現代のシーレーン防衛」を特集しました。巻頭の勝股秀通（読売新聞編集委員）「様変わりしたシーレーン防衛」は第一として、「想像をはるかに超えた中国海軍の増強と近代化がもたらす脅威の増大」を取りあげます（第二として「シーレーンを跳梁する海賊たち」に言及）。勝股は「今こそ中国の潜水艦の脅威に対し、日米が共同して対処するシーレーン防衛のための作戦研究が必要だろう」と論じます。

この中国海軍の脅威とシーレーン防衛を関連させる活発な論陣を張ったのは、『読売新聞』でした。たとえば、一〇年八月一八日の社説「南シナ海　中国進出の抑止は国際提携で」は、「国際的な海上輸送の要衝である南シナ海で、中国が海軍力を背景に高圧的な姿勢で進出しつつあ」ることに、そうした「排他的な動きを取ることは認められない」と主張します。そこで強調されるのは、日本へのシーレーンが通る南シナ海・東シナ海における中国海軍の脅威への、「国際提携」による「けん制」網での対抗です。

「シーレーン防衛と「海洋協盟」の構築」（谷内《やち》正太郎編『日本の外交と総合的安全保障』ウェッジ、二〇一一年）において、金田秀昭（護衛艦隊司令官などを歴任）は「東アジア地域と北インド洋地域の相互依存関係が、「シーレーン」を紐帯として、急速に増加している」という認識に立って、日本がとるべき方策の第一として「「対中国海洋戦略」を構築し、わが国の「海洋の自由」の確保のため、自律的かつ能動的に行動すること」をあげます。その際、「圧力を撥ね返すという毅然とした態度を取る」ことが重要であり、「東シナ海や南西諸島方面に常設の統合機動運用部隊を常時展開させ、更に国際法上許される範囲で、中国周辺海域において自衛艦や自衛隊機を含む活動を活発に実施するなど、適当な方法により防衛・警備力の常続的なプレゼンスを明示すること」が必要とします。領有権や海洋権益問題では一歩も引かず、圧力には圧力で対抗すべきという力の論理です。

「中国の脅威」と第一線で対峙する海上自衛隊の「現場」においては、日本がシーレーン防衛構想で対抗すべきとする意志は強固です。それがよくうかがえるのは、二〇一二年一月一〇日、海上自衛隊佐世保地方総監部の加藤耕司総監による年頭の訓示です。『毎日新聞』長崎版（一月一一日付）は次のように報じます。

日本の安全保障を巡る厳しい情勢認識を示し「自らの熱と意気で西海鎮護の任を全うするとの志を新たにしてもらいたい」と述べた。

加藤総監は「中国海軍の活動はインド洋、アフリカ沿岸、南太平洋に拡大し、沿岸国への影響力もかつてなく強まっている」と中国の脅威を強調。加えて「極東ロシア軍は北方領土を巡って兵力の増強を進め、北朝鮮は支配者の世代交代に伴い不安定の度を増している」と語った。

その上で「我が国の主権を維持し、シーレーンの安定利用を将来にわたり確実にするためには「精強・即応」に加え、外洋での周到な作戦を可能にする「持続力」が必要だ」と隊員を鼓舞した。

その後、南シナ海では漁業資源に加えて豊富な埋蔵資源をめぐり、中国と周辺の東南アジア諸国との対立がさらに深まりました。一五年三月三一日付の『朝日新聞』によれば、中国に対抗してアジア太平洋リバランス（再均衡）政策をとるアメリカは、その「主戦場」たる南シナ海において「海上の警戒・監視」について日本に強い期待を寄せているとのことです。

二〇一四年九月七日付の『北海道新聞』は、「日中競り合うインド洋　シーレーン防衛へ首相　沿岸国と軍事提携模索」という記事を掲載します。インドを囲む国々の港湾を整備して中国の「真珠の首飾り戦略」に対抗し、安倍政権は「中東と日本を結ぶシーレーン防衛を重視し、インド洋沿岸諸国との連携強化を模索している」とします。また、同記事では、二〇一二年末に安倍首相の提唱した「安全保障ダイヤモンド構想」――中国の海洋進出にくさびを打ち込む狙いで、「日本と米ハワイ、オーストラリア、インドをひし形に結び、その域内の民主主義諸国で海洋権益を守る」――にも言及しています。

「富国強兵」路線としての新シーレーン防衛論

二〇一二年、核開発問題をめぐってアメリカとの対立を激化させたイランは、ペルシャ湾のホルムズ海峡の封鎖で対抗する可能性を示唆しました。二月一九日付の『朝日新聞』は、イランとアメリカの軍事衝突が起きた場合を想定して、民主党の野田佳彦首相が「自衛隊法に基づく海上自衛隊の掃海艇による機雷除去」や「海自護衛艦によるタンカーの護衛」について検討を開始したと報じます。シーレーン防衛がペルシャ湾においても想定されたのです。

二〇一三年八月、安倍首相はジブチの自衛隊活動の拠点（一一年六月開設）を視察し、海賊対策以外にも活用する方針を明らかにしました。一五年一月一九日付の『朝日新聞』の報じるところによれば、「中東有事での哨戒機派遣や緊急時の邦人救出など、多目的に使えるよう施設の強化」が目指され、「事実上の「海外基地」」としての位置づけがはっきりしてきました。それを防衛省幹部は「積極的平和主義に基づけば、自衛隊が海外に唯一つ持つ拠点を生かす方策を考えるのは当然だ。米国やＮＡＴＯとの連携、テロ情報の共有といった観点からも拠点の多目的化は有益だ」と説明しているとのことです。

このように、東シナ海・南シナ海・マラッカ海峡・インド洋、そしてペルシャ湾およびソマリア沖のアデン湾へと、日本の想定するシーレーン防衛の範囲は太い帯としてつながることになりました。それは、海賊と「中国海軍の脅威」への対抗を掲げ、また「国際貢献」や「海洋安保協力」を名目とする海上自衛隊の活動の拡張にほかならず、「富国強兵」路線の一環としての新シーレーン防衛論というべきものです。

この新シーレーン防衛論のさきがけともいうべき論を提唱したのが、前出の秋山昌廣です。二〇一三年一月一九日付の『朝日新聞』への寄稿のなかで、「日本がPKOに初めて参加して二〇年が過ぎ、いまでは海外活動が自衛隊の本来任務となった。これまでは国際社会からの要請に応えるという受け身の姿勢が根底にあったが、国益に基づいて日本が主体的に進めるべき外交の一翼を、自衛隊が担う時機が到来しているのかもしれない」と、「自衛隊の海外活動」のあるべき方向を提言しています。

「受け身」の国際貢献から「主体的」な国際貢献への転換を予測し、そこで自衛隊が「主体的に外交の一翼」を担うという発想は、「積極的平和主義」と表裏一体のものです。「国益」の確保をめぐって他国との競合や対立が生じる場合、本来任務となった「自衛隊の海外活動」の展開が「外交の一翼」を担っていきます。それは、「国益」の観点に立った「沈黙の威圧」を背景とする力の「外交」というべきものです。

一九八〇年代から現在に至る「国益」と「国際貢献」を名目とするシーレーン防衛構想および「海上警備行動」は、二〇一四年七月一日の集団的自衛権の行使を認める閣議決定、そして一五年五月に国会に提出された安全保障関連法へと直結しました。

そのためのステップの一つとなったのが、二〇一四年五月一五日、首相のもとに設置されていた「安全保障の法的基盤の再構築に関する懇談会（安保法制懇）」による「集団的自衛権」の行使を容認する論理を打ち出した報告書です。「我が国を取り巻く安全保障環境の変化」を理由に、「我が国として採るべき具体的行動の事例」としてあげられたのが、「事例3：我が国の船舶の航行に重大な影響を及ぼす海域（海峡等）における機雷の除去」でした。湾岸戦争時のペルシャ湾での機雷敷設に触れたうえで、「今後、我が国が輸入する原油の大部分が通過する重要な海峡等で武力攻撃が発生し、攻撃国が敷設した機雷で海上交通路が封鎖されれば、我が国への原油供給の大部分が止まる。これが放置されれば、我が国の経済及び国民生活に死活的な影響があり、我が国の存立に影響を与えることになる」として、集団的自衛権行使の必要なケースとしました。

機雷除去・掃海作業は中東のホルムズ海峡が念頭におかれていますが、そのシーレーンは中国がフィリピンやベトナムなどと領有権を争う南シナ海を通っており、この海域での自衛隊の米軍後方支援やシーレーン防衛のための武力行使も想定されていました。

安保法制懇「報告書」と軌を一にする、二〇一四年版の『日本の防衛』(防衛白書)におけるシーレーン記述をみてみます(「索引」にこの年度から「シーレーン」が登場)。中国の動向を意識して、「海洋において、近年、資源の確保や自国の安全保障の観点から、力を背景とした一方的な現状変更を図る動きが増加しつつある」としたうえで、「このような動きや海賊問題などにより、シーレーンの安定や航行の自由が脅かされる危険性も高まっている」とします。また、「特に中東からわが国近海に至るシーレーンは、資源・エネルギーの多くを中東地域からの海上輸送に依存しているわが国にとって重要であることから、これらのシーレーン沿岸国などの海上保安能力の向上を支援するとともに、戦略的利害を共有するパートナーとの協力関係を強化する」という位置づけもなされています。

図表「最近のわが国周辺での安全保障関連事象」をみると、「ロシア軍の活動の活発化」や「北朝鮮による核・ミサイル開発」「北朝鮮による軍事的な挑発行為や挑発的言動」のほかは、「わが国のシーレーン」に向けられた中国の脅威——「中国による軍事力の広範かつ急速な強化」「中国による東シナ海における活動の急速な拡大・活発化」「中国軍による太平洋への進出の常態化」など——を列挙しています。「沖縄の在日米軍」に関する箇所では、沖縄を「南西諸島のほぼ中央にあることや、わが国のシーレーンにも近いなど、安全保障上きわめて重要な位置にある」と位置づけるとともに、「沖縄の地政学的位置と在沖米海兵隊の意義・役割」という図表を掲げています。

沖縄の地政学的位置と在沖米海兵隊の意義・役割

2014年版『日本の防衛』（防衛白書）より

安保関連法制と不可分一体のものが、一五年四月二七日に改定が合意された「日米防衛協力のための指針（ガイドライン）」です。その「V．地域の及びグローバルな平和と安全のための協力」の「A．国際的な活動における協力」の三番目には「海洋安全保障」の項目があります。

　日米両政府が海洋安全保障のための活動を実施する場合、日米両政府は、適切なときは、緊密に協力する。協力して行う活動の例には、海賊対処、機雷掃海等の安全な海上交通のための取組、大量破壊兵器の不拡散のための取組及びテロ対策活動のための取組を含み得る。

これは、日本にとって集団的自衛権の行使を意味します。シーレーン防衛構想とそれにもとづく海上自衛隊の着々とした活動領域の拡張をテコの一つとして、憲法第九条を否定する集団的自衛権の行使容認へと突き進んだのです。

「積極的平和主義と日米同盟のあり方」

柳澤協二『亡国の安保政策―安倍政権と「積極的平和主義」の罠』（岩波書店、二〇一四年）は、安倍首相が就任一年後のキーワードとする「積極的平和主義」には「『原典』としての政策提言」があったとして、二〇〇九年一〇月にシンクタンクの日本国際フォーラムが発表した「積極的平和主義と日米同盟のあり方」に注目しています。[32] 同書によれば、安倍首相は一四年三月時点で、この団体の参与だったとのことです。

伊藤憲一を理事長とする日本国際フォーラムは、「国際社会における日本自身の立ち位置や行動基準も、これまでの消極的・受動的平和主義から積極的・能動的平和主義へと進化することを求められており、「日米同盟のあり方」はそのような文脈のなかで再考する必要が生まれている」という問題意識に基づき、二〇〇八年九月、「日米関係の再調整と日本の針路」についての審議を始めました。〇九年六月から「積極的平和主義と日米同盟のあり方」というテーマに修正されたのち、一〇月に同題の政策提言として公表されます。核心は「国土防衛のための提言」としてなされた、次の四点にあります。

32　この政策提言を読むうえで参考となるのが、伊藤憲一が二〇〇七年九月に刊行した「積極的平和主義への提言」を副題とする『新・戦争論』（新潮新書）です。最終章「日本の選択」では、次のような独特な「世界不戦体制」「不戦共同体」が強調されます。
「今日の「世界不戦体制」は、第二次世界大戦と冷戦という二つの世界覇権戦争を勝ち抜いた米国を中心とする西側先進民主主義諸国の「不戦共同体」として出発しました。ソ連圏崩壊のあと、北大西洋条約機構（NATO）や日米同盟などはその存在目的を再定義し、地域や世界の平和と安定を守る国際公共財としての位置づけを明確にしました。NATOや日米同盟のそのような変化は、国際連合の集団的安全保障体制を補完し、それと協働することによって、西側先進民主主義諸国の不戦共同体を世界的な不戦共同体に拡大させようとする動きだと言えます」

　そのうえで伊藤は「日本人は、だれがこのような世界不戦体制を支えるべきなのかという問題を素通りすべきではありません」と述べ、「消極的平和主義」＝「偽物の平和主義」から「積極的平和主義」に踏み出すべきと論じます。ここでは、自衛隊の「専守防衛」からの転換や集団的自衛権の行使の問題は、まだ直接は言及されてはいません。

1　「非核三原則」などの「防衛政策の基本」を再検討せよ
2　米軍再編プロセスに協力し、集団的自衛権の行使を認めよ
3　「武器輸出三原則」は根本的にそのあり方を見直せ
4　国家の情報収集・分析体制を整備・強化せよ

これらのうち、1の「防衛政策の基本」については「平成26年度以降に係る防衛計画の大綱について」(二〇一三年一二月閣議決定)においても、まだ「我が国は、日本国憲法の下、専守防衛に徹し、他国に脅威を与えるような軍事大国にならないとの基本方針に従い、文民統制を確保し、非核三原則を守りつつ、実効性の高い統合的な防衛力を効率的に整備する」とあるように、名目上の維持はされています。しかし、それら以外の提言、すなわち集団的自衛権については閣議決定による解釈改憲と安保関連法として、「武器輸出三原則」は「防衛装備移転三原則」(二〇一四年四月閣議決定)として、4にある「機密保全体制の不備の改善」は特定秘密保護法として、ことごとく第二次・第三次安倍政権下で実現しています。

1の「防衛政策の基本」は、タテマエとして存続しているのみといってよいでしょう。それ

すらなくなるのは、憲法改正のときとなります。それゆえ、首の皮一枚とはいえ残っていることは大事なことになります。

「国際協調主義に基づく積極的平和主義」

二〇一二年一二月に成立した第二次政権で、安倍首相が「積極的平和主義」を用いるのは少し先のことになります。一三年四月一七日付の『読売新聞』インタビューでは、憲法改正の発議要件を定めた第九六条改正を先行させる考えを示すほか、聞き手の「九六条を先行改正して九条の条文改正はそれからとなると、時間がかかります。朝鮮半島情勢を踏まえれば、集団的自衛権の行使を禁じた解釈をまず見直す必要があるのでは」という誘い水に応じて、集団的自衛権行使の検討をおこなうと言っていますが、「積極的平和主義」という言葉はでてきません。

その後、九月一二日の「安全保障と防衛力に関する懇談会」の最初の会合でのあいさつで、「国際協調主義に基づく積極的平和主義の立場から、世界の平和と安定、そして繁栄の確保に、これまで以上に積極的に寄与していく」と述べたのが、最初の使用と思われます。この直後、アメリカの保守系シンクタンクでの講演、ついで国連総会における演説で用いたことで、一挙に「積極的平和主義」は広まりました。ニューヨークでの記者との懇談の場で、集団的自衛権を行使する自衛隊の活動範囲に関して、「国民の生命と財産、国益に密着するか、という観点」に言及したことは注目されます。「国益」という「富国」の追求が自衛隊の海外派兵という「強兵」と結びつくことを明瞭に意識しているからです。

九月一三日付の『読売新聞』社説は「日本の将来へ包括的指針示せ」と題して、安倍首相の「国家安全保障戦略」に全面的に賛同したうえで、次のように具体的な展開を求めます。

山積する安全保障の課題に取り組むには、まず日本の領土・領海を守る自衛隊や海上保安庁の体制を拡充する必要がある。自衛隊と米軍の協力を拡大し、日米同盟を強化することも欠かせない。

首相の掲げる「積極的平和主義」に基づき、国連平和維持活動（ＰＫＯ）や海賊対処行動などで日本が従来以上に役割を果たし、国際社会と連携することが大切だ。経済・エネルギー面の国際協力も着実に進めねばなるまい。

ニューヨーク講演後の九月二七日付では「「積極的平和主義」を追求せよ」という社説を掲げました。後述の「国家安全保障戦略」が閣議決定された翌日、一二月一八日付の社説は、

「日本守り抜く体制を構築せよ　「積極的平和主義」の具体化が急務」として、集団的自衛権について「安倍政権は、行使に慎重な公明党や内閣法制局との調整に入るべきである」とまで述べています。実際にそのように「調整」が進み、安保関連法の成立に至りました。安倍首相と『読売新聞』の二人三脚ぶりは、息がぴったりとあっています。

一〇月一五日の衆議院本会議の施政方針で、安倍首相は「単に国際協調という「言葉」を唱えるだけでなく、国際協調主義に基づき、積極的に世界の平和と安定に貢献する国にならねばなりません。「積極的平和主義」こそが、我が国が背負うべき二一世紀の看板であると信じます」と述べました。その後の本会議や予算委員会などの質疑で「積極的平和主義」について定義を問われますが、「積極的という言葉を加えたのは、これまで以上に積極的に世界の平和と安定に貢献すべきとの考えによるもの」（衆議院本会議、一〇月二五日）という程度の答弁に終始します。

これに対して、「平和学」の立場から坪井主税《ちから》札幌学院大学名誉教授が、一〇月一九日付の『東京新聞』誌上で的確な批判を加えています。もともと「積極的平和主義」とは、ノルウェーのヨハン・ガルトゥングが「消極的平和」を戦争のない状態、「「積極的平和」を戦争だけでなく貧困や搾取、差別などの構造的な暴力がなくなった状態」と定義して定着したとのことです。安倍首相がアメリカでのスピーチの際に用いたのは"Proactive Contributor to Peace"(「率先して平和に貢献する存在」)で、これを首相官邸のホームページでは「積極的平和主義」と訳していますが(外務省の英訳も同様です)、ガルトゥングの定義する「積極的平和主義」は"Positive Peace"なので、少なくとも英語圏の世界では、安倍首相の発言は「積極的平和主義」とは受け取られないと指摘します。さらに、坪井の発言は、次のように「積極的平和主義」の急所を突きます。

Proactive は軍事用語では「先制攻撃」のニュアンスで使われる。米国人は「日本は集団的自衛権の行使容認に踏み切ります」と受け止めるだろう。逆に、和訳によって、日本では「軍事力を行使しない」と誤解する人がいるかもしれない。言葉のマジックだ。

この「言葉のマジック」を活用して、「積極的」の部分に集団的自衛権行使を可能とし、そのための自衛隊の拡充を盛り込み、「平和主義」の部分に憲法の平和主義の維持を意識させつつ、実質的には空洞化をさらに進展させるというダブル・スタンダードを貫く姿勢こそ、安倍首相の唱える「積極的平和主義」の本質です。そこには、軍事的な「先制攻撃」も含意されています。

「積極的平和主義」で実際に意味を有するのは「積極的」の部分のみであり、その実態は「富国強兵」路線と同義でした。「平和主義」は「富国強兵」をカムフラージュする見せかけにすぎません。かつて、そして現在まで「民主主義」が「自由主義体制」＝「資本主義体制」として、多数決を絶対視する議会制民主主義として僭称《せんしょう》されてきたように、「平和主義」も「富国強兵」路線の実態を覆い隠すものとなりました。

一〇月一五日の施政方針では、「我が国の国益を長期的視点から見定めた上で、我が国の安全を確保していくため、「国家安全保障戦略」を策定してまいります」と述べたことも注目されます。「国益」の観点が重視され、「富国強兵」路線が明確となりました。それは、国防方針の転換という次の段階で具体化します。

「国家安全保障戦略」における「積極的平和主義」

二〇一三年一二月一七日、国家安全保障会議と閣議で「国家安全保障戦略」が決定されました。一九五七年の「国防の基本方針について」以来、「専守防衛」を基調とする国防方針が五六年ぶりに変更されたことになります。「我が国は、今後の安全保障環境の下で、平和国家としての歩みを引き続き堅持し、また、国際政治経済の主要プレーヤーとして、国際協調主義に基づく積極的平和主義の立場から、我が国の安全及びアジア太平洋地域の平和と安定を実現しつつ、国際社会の平和と安定及び繁栄の確保にこれまで以上に積極的に寄与していく」ことを、「国家安全保障の基本理念」とするとします。この「国家安全保障戦略」を踏まえて、同日、「防衛計画の大綱」も改定されました。

三二頁におよぶこの「国家安全保障戦略」で「国際協調主義に基づく積極的平和主義」という語句は八回も用いられていますが、「積極的平和主義」そのものについては定義も説明もなされていません。半田滋（東京新聞編集委員）『日本は戦争をするのか――集団的自衛権と自衛隊』（岩波新書、二〇一四年）が指摘するように、「海外の紛争から距離を置いてきた戦後の平和主義を「消極的」とみなして否定し、第一次安倍政権で掲げた「戦後レジームからの脱却」を実現する狙いが鮮明」になりました。

この「国家安全保障戦略」で本書の行論上から注目されるのは、「Ⅱ　国家安全保障の基本理念」の「2　我が国の国益と国家安全保障の目標」です。そこでは「国益」を主権・独立の維持、領域の保全にとどまらず、「豊かな文化と伝統を継承しつつ、自由と民主主義を基調とする我が国の平和と安全を維持し、その存立を全うする」こととしますが、現実に追求ないし確保されるべきものは、次の段落にある「経済発展を通じて我が国と我が国国民の更なる繁栄を実現し、我が国の平和と安全をより強固なものとすること」でしょう。そのために、「海洋国家として、特にアジア太平洋地域において、自由な交易と競争を通じて経済発展を実現する自由貿易体制を強化し、安定性及び透明性が高く、見通しがつきやすい国際環境を実現していくことが不可欠」とします。

政府広報、内閣官房「積極的平和主義」2014年

　この「国益」を守るために「国際協調主義に基づく積極的平和主義」が掲げられるわけですが、国家安全保障の目標の第一とされるのは、抑止力の強化と脅威の排除です。「日米同盟の強化」は第二の目標とされていますので、第一目標は自前の軍事力の確立と拡充といえます。「積極的平和主義」の内実は、「富国強兵」路線の推進と同義です。

　二〇一四年一月二四日の衆議院本会議の施政方針で、安倍首相はフィリピンにおける台風被害の緊急支援、ソマリア沖アデン湾の海賊対処行動、シリアにおける化学兵器廃棄の協力などをあげたうえで、「こうした活動の全てが、世界の平和と安定に貢献します。これが、積極的平和主義です。我が国初の国家安全保障戦略を貫く基本思想です」と述べました。もう一カ所、「国際協調主義に基づく積極的平和主義の下、日本は、米国と手を携え、世界の平和と安定のために、より一層積極的な役割を果たしてまいります」ともいいます。後者は、「集団的自衛権や集団安全保障などについて」の文脈で述べられました。「積極的平和主義」についての定義や説明は、この施政方針でもなされていません。

ついで、四月一日、それまでの「武器輸出三原則」をなし崩し的に緩和する「防衛装備移転三原則」が閣議決定されました。さらに、五月一五日に公表された「安全保障の法的基盤の再構築に関する懇談会」報告書では、「国家安全保障戦略」に言及して、「日本国憲法の平和主義は、この「国際協調主義に基づく積極的平和主義」の基礎にあるものである」としています。こうした憲法解釈によって、集団的自衛権の行使容認の結論を導きました。

これらの集大成として、二〇一五年九月一九日、安保関連法が成立します。外務省の説明では、「いかなる事態においても国民の命と平和な暮らしを断固として守り抜くとともに、国際協調主義に基づく「積極的平和主義」の下、国際社会の平和と安定にこれまで以上に積極的に貢献するための「平和安全法制」が成立しました」（「日本の安全保障政策　積極的平和主義」二〇一六年三月改訂）となります。

なお、一三年一二月一七日の「国家安全保障戦略」閣議決定の直後の二六日、安倍首相は靖国神社を参拝しています。アジア各国の反発は織り込み済みだったでしょうが、アメリカが不快感を表明したのは、予想の範囲を超えていました。にもかかわらず、この参拝をおこなったことは、抑止力の強化と脅威の排除という国家安全保障の第一目標と結びついた、主体的な独自性の発揮を意識したと思われます。しかし、その後の参拝は抑制されています。

「制服組」の進出

二〇一六年四月二四日付の『朝日新聞』に、「制服組　じわり政治の表に」という見出しの記事が掲載されます。「自衛隊の制服組（自衛官）の影響力が安倍政権で強まっている。政治の表舞台である首相官邸に現れる機会が急増。防衛省では背広組（文官）との駆け引きの結果、部隊運用の権限も強めた」という趣旨です。また、一七年一月二九日付の『日本経済新聞』には、「「首相官邸」欄から見る政権四年」として、安倍首相の面会数が「外務・防衛省で増」とあります。

一九六三年に防衛庁の「制服組」が極秘におこなった「三矢研究《みつや》」では、第二次朝鮮戦争を想定し、日本国内に経済や言論の統制を含む国家総動員体制を敷き、防衛上必要な場合には「日米統合作戦司令部」を設置して「日米共同作戦」を実施するという図上演習訓練をおこなっていました。これが六五年二月に国会で暴露されると、憲法に違反し、文民統制上の大問題として防衛庁長官は引責辞任し、防衛庁幹部も処分されました。文民統制は、警察予備隊発足の際、戦前の軍部権限の拡大の反省から、旧内務官僚が中心となって組織・制度作りをしたことに由来しますが、この「三矢研究」事件以来、文官の「背広組」（内局の防衛庁職員）が「制服組」を統制ないし監視する「文官統制」という不文律が確立し、「背広組」が優位に立ってきました。これに対して、「制服組」は不満を高めていました。

この「背広組」の優位がぐらつき、「制服組」の進出が顕著になるのは、防衛庁が防衛省に昇格し、それまでは自衛隊のまだ付随的任務であった海外での活動が本来的任務に格上げされた二〇〇七年ごろからといえます。それは第一次安倍政権の発足と重なります。〇八年には「背広組」と「制服組」の統合を狙った当時の石破茂防衛相の「組織改編」構想が波紋を広げました。[33]「背広組」トップの防衛事務次官の汚職事件が防衛省の組織改革を促す一方で、航空自衛隊幕僚長の論文問題からは「制服組役割拡大に慎重論」（『朝日新聞』〇八年一一月一二日付）

が導かれました。それでも、〇九年に、「背広組」の幹部らが長官に直接提言し補佐する防衛参事官制度を廃止したことは、「背広組」後退の第一歩となりました。

二〇一三年には、前年末の衆議院議員総選挙で自民党の掲げた「自衛官と文官の混合組織への改編」という公約を土台に、「制服組」の権限を強化する方向で自衛隊の組織改革が進展していきます。一三年八月六日付の『読売新聞』は、運用体制の見直しについて「中国の海洋進出や北朝鮮の核・ミサイル開発などで日本周辺の安全保障環境が緊迫する中、自衛隊が緊急事態に迅速な対応を取れるようにする狙いがある」と報じました。具体的には、自衛隊の部隊運用を統合幕僚監部に一本化し、「制服組」の一元運用が目指されます。八月には安倍首相の指示を受け、「制服組」の将官（空将補）が初めて内閣官房（内閣安全保障・危機管理室）に配属されます（『読売新聞』一三年八月一〇日付）。

この組織改革は、安保関連法案の審議入りを前に、二〇一五年六月の改正防衛省設置法の成

33　二〇〇八年五月四日付の『日本経済新聞』は、石破「組織改編」構想について「防衛省改革　主導権争い　防衛相VS.自民国防族、指揮系統巡り　制服組に慎重論　権限縮小に懸念」と報じました。

34　改正法により、防衛装備庁が外局として新設されました。武器輸出三原則の廃止を受け、「防衛装備品」の開発・取得・輸出などを一元的に担うことになりました。

立[34]によって実現に至ります。官房長・局長ら「背広組」の優位がなくなり、統合幕僚長・陸海空幕僚長らの「制服組」と対等な関係となるとともに、これまで自衛隊の運用を「背広組」が担ってきた「運用企画局」を廃止し、「制服組」中心の「統合幕僚監部」に統合されることになったのです（一〇月に組織改編を実施）。「集団的自衛権の行使を柱とした新たな安全保障法制の整備に備え、有事での迅速な運用を可能にするため」（『読売新聞』一五年二月二六日付）でした。

このように安倍政権の下で「文官統制」は撤廃され、「制服組」の着実な進出を受けて、先の「制服組　じわり政治の表に」という記事が掲載されたのです。河野克俊統合幕僚長[35]は国家安全保障会議（NSC）に出席しています。同記事では「昨年改定された日米防衛協力のための指針（ガイドライン）に基づき設置された「同盟調整メカニズム」では、自衛隊と米軍の制服組が、平時から有事まで運用調整に当たることになった。防衛省内での影響力が高まったうえ、現場同士の軍事的に専門的な見地からのやりとりが頻繁になる」とも指摘しています。

これは、一六年一〇月二六日付の『毎日新聞』が報じる「米軍・自衛隊、一線越える一体化半世紀のタブー破り、陸自に「日米共同部」新設」という記事の内容に関連していきます。「日米共同部」は、防衛省の一七年度概算要求の一つとのことです。この記事は「武官の悲願を次々実現させている安倍政権。米軍と自衛隊の一体化に突き進む中、文民統制が危機に立たされているのではないか」と結ばれました。

朝鮮民主主義人民共和国をめぐる軍事的緊張の下、日米・日米韓の軍事演習が頻繁に実施されており、実質的に「同盟調整メカニズム」が機能し、運用されているはずです。五〇年余前に「三矢研究」で計画された「日米統合作戦司令部」の設置と「日米共同作戦」の実施が、もはや現実のものとなり、「戦時体制」に準じた状況が生まれています。眼前に展開する、こうした動向を注視する必要があります。

「生命線」と「国益」を掲げる現代

二〇一五年一月一九日付の『朝日新聞』の報じるところによれば、アフリカ東部のジブチを訪問した中谷元防衛大臣は記者団に「日本の経済活動にとって（ソマリア沖は）生命線であり、日本の商船の安全を考えると、引き続きこの活動は必要だ」と語りました。実際にはソマリア

35　河野克俊統合幕僚長は、安倍首相が自衛隊の存在を憲法第九条に明記する意向を示したことをめぐって、一七年五月、「非常にありがたい」と発言しました。これは自衛隊法第六一条の政治的行為の制限からみて、また公務員の憲法尊重擁護義務からも不適切な発言ですが、政権は擁護に努めたほか、統合幕僚長の定年を再延長しました。

九州防衛局『きゅうしゅう』
2009年9月

沖での海賊出没は大幅に減少していたのですが。それにしても、ジブチという自衛隊の海外基地の第一線においてなされた「生命線」発言は、実に生々しいものです。

すでにこの「生命線」は、ソマリア沖の海賊対策として自衛艦が派遣された二〇〇九年三月、当時の麻生太郎首相が「海賊行為」を「貿易に多くを依存する日本にとり、国家存立の生命線を脅かすもの」として用いていました。「現在、世界的な驚異《ママ》となっているソマリア沖・アデン湾の海賊。日本の生命線といえるこの海域で、自衛隊は海賊対処に取り組んでいます」（九州防衛局『きゅうしゅう』二〇〇九年九月）というのが当時からの防衛省の見解であり、中谷発言が唐突に飛び出したわけではないのです。

明治半ばに山県《やまがた》有朋が唱えた「主権線」「利益線」の概念を超えて「生命線」が広く国民の間に呼号され、国家の存亡に直結するものとして浸透していくのは、一九三〇年代前半でした。満洲事変・「満洲国」建国に至るナショナリズムの高揚を通じて、そして国際連盟の脱退通告、ワシントン軍縮条約の破棄通告などにより自ら国際的孤立の道を選びとるなかで、「非常時」

の到来が強い危機感をもって語られました。

「満蒙《まんもう》は日本の生命線」[36]が主唱され、その「生命線」の範囲は万里の長城を越えて中国の本体におよんでいきました。「生命線」の内実は南満洲鉄道（満鉄）に代表される「特殊権益」であり、それは「国益」と重ねられて不可侵のものとされたのです。なお、北洋の漁業権益に対するソ連側の権益回収の動きが強まると、「北洋の生命線」の危機が喧伝《けんでん》されました。

中谷「生命線」発言につづいて、「国益」の確保が前面に出てきました。二月一〇日の閣議で、それまでの「政府開発援助（ODA）大綱」に代わって「開発協力大綱」が決定されたのです。同日付の『日本経済新聞』電子版によれば、「協力の目的」として「平和と安全の維持や更なる繁栄の実現を念頭に「国益の確保に貢献」と初めて表現」しました。また、「軍や軍関係者が関わる支援」として「災害救助や復興など非軍事分野に限り「実質的意義に着目し、個別具体的に検討する」と明記」したことも、特徴です。

いうまでもなく、この「開発協力大綱」の策定は先の「国家安全保障戦略」と密接にかかわ

36 「満蒙は日本の生命線」の初出は、幣原協調外交を批判する一九三一年一月の松岡洋右《ようすけ》の衆議院における「我が国民の生命線」「我国の生命線」発言です。

るもので、「国際協調主義に基づく積極的平和主義の立場から」も用いられています。日本の「国益」にそっているかどうかという観点で、「開発協力」という経済支援の基準が判断されるということです。「富国強兵」路線が一段と鮮明となりました。

すでに「生命線」は麻生首相時代に、「国益」は一四年一〇月の安倍首相の施政方針で用いられていましたが、二〇一五年初頭に期せずして「生命線」と「国益」が何の躊躇《ちゆうちよ》もなく用いられたことは、それらの高唱によって大多数の国民の「戦意」を上昇・沸騰させていった一九三〇年代を想起させました。確実に現代が一九三〇年代と重なる戦争への道を再び歩み始めたといえます。アジア近隣地域に自衛隊が先頭を切って主体的に出ていくケースは考えにくいでしょうが、集団的自衛権を実際に行使することでアメリカの軍事行動に追随し、その成り行きのなかで戦争に巻き込まれる可能性が高まりつつあります。

安倍政権が進めてきた諸施策は、「積極的平和主義」を大きく掲げて、新たな「戦前」に向けた戦時体制の構築を成し遂げつつあります。その際、本書冒頭で引いた多喜二の言葉——「戦争が外部に対する暴力的侵略であると同時に、国内に於いては反動的恐怖政治たらざるを得ない」——が実感をもって想起されます。国内における「反動的恐怖政治」を準備するために、治安法としての特定秘密保護法と共謀罪法が相次いで成立をみていくのです。

第五章　「積極的平和主義」下の治安法制厳重化

――新たな戦時体制形成の最終段階へ

特定秘密保護法や共謀罪法が成案化され、ついに国会での強行採決がなされていくのと前後して、新聞の投書欄にはしばしば特高警察や憲兵についての体験談が掲載されました。たとえば七八歳の女性は、黒ずくめで角を生やした人物が木の陰で目を光らせていて、脇に「何もしゃべってはいけません。憲兵に連れてゆかれます」とある図柄に、子ども心に「不快な思い」を感じたといいます。投書には、「あんな嫌な気分になる世の中が二度と来ないように」（『朝日新聞』二〇一三年一二月一七日付）という思いが込められていました。憲兵のこうした国民監視の根拠となったのは、改正軍機保護法などの防諜法令でした。

この章では、再び国民が「不快な思い」や「嫌な気分」を味わう可能性を十分に秘め、「反動的恐怖政治」の武器となりうる特定秘密保護法・共謀罪法の成立の背景と経緯を検証し、それらが現代の戦時体制構築の終盤において重要な役割を担っていることを述べます。また、戦時体制の国家として当面の到達目標となる自民党「憲法改正草案」の問題点を指摘します。

特定秘密保護法の成立

一九三七年三月三一日付の『東京朝日新聞』の社説の一部をまず掲げます。

改正案では秘密を侵すとか、売るとかの意思の有無を問わない所に、根本的の危惧が存する（略）憂えるのは玉石混淆《こんこう》一網打尽式の取締が、騒ぎの大きい割合に実効が少く、然も往々にして無辜《むこ》の民をして、国民として最も恥べき売国の濡衣《ぬれぎぬ》に悲憤の涙を絞らせるような結果を招来しないかである。（略）一歩誤れば死刑以下の厳罰が待って居るのでは、障《ママ》らぬ神に祟《たた》りなしの恐怖心理が募るのは当然であって、それを奇貨措《お》くべしとして、仮令《たとい》現在の当局にはその虞れがないとしても、将来執政の任に当るものの考え次第では、列挙事項を増加し、若《も》しくは解釈を極端に拡げる場合があったら、この法律一つで優に言論弾圧ファッショ政治が出来る訳である。

これは、当時の林銑十郎《せんじゅうろう》内閣が二月に議会に提出した軍機保護法の改正案に対する反対論です。第一章でみたように、日露戦争に向けた軍備拡充にともなって一八九九年に制定された軍機保護法は、大正デモクラシー期にはほとんど適用をみない状態となっていました。ところが、日中戦争の本格化を前に違反とされる事件が急増し、防諜気運を醸成したうえで、全面改正が意図されました。このときは三月末に議会解散となったため成立しませんでしたが、次の近衛《このえ》文麿内閣が盧溝橋事件直後の七月二五日、次議会に再提出、八月七日にスピード成立します。ここでこの反対の社説を掲げたのは、二〇一三年に二度の国会における強行採決の末に成立をみた特定秘密保護法の反対論としても、「秘密」の範囲の広範さと茫漠性《ぼうばくせい》、「障《ママ》らぬ神に祟りなしの恐怖心理」という萎縮効果などの点において、七五年余の時を経ても、十分に通用すると考えたからです。

特定秘密保護法の制定は、厳しい安全保障環境や緊迫する国際テロ情勢に対応して「的確に情報収集を行い、収集した情報を基に迅速かつ適切な判断を行う」ために、関係国から信頼される「情報保全体制」を整備する必要があること、国家安全保障会議の審議を効果的・効率的に行なう必要があること、という二つの理由にもとづくとされます。そして、「特定秘密」指定の範囲は「安全保障に関わる四分野」――防衛・外交・特定有害活動（いわゆるスパイ行為等）・テロリズムの防止に関する各事項――に限定したので、広く国民が処罰の対象となることはないとします（内閣官房特定秘密保護法施行準備室「特定秘密の保護に関する法律Q&A」二〇一三年一二月二七日）。

このタイミングでの成立に固執したことは、「国際協調主義に基づく積極的平和主義」を押し出した「国家安全保障戦略」の推進と密接に関連しているからにほかなりません。新たにテロリズムの防止を加えてはいますが、これが一九八五年の国家機密法案以来の宿願の実現であったことも確かです。

しかもスパイ防止・取締りを本質とする国家機密法案には長い前史がありました。再軍備が進むとともに、防諜法案は繰りかえし提案されました。それでも、戦前の軍機保護法・国防保安法（一九四一年制定）の悪法性の記憶は国民のなかに深く刻み込まれていましたので、その都度、阻止されてきました。一例だけあげれば、一九五四年三月六日付の『読売新聞』は、吉田茂内閣による「秘密保護法」制定の動きに対して、「往年の軍閥横暴のシンボルだった悪法」＝軍機保護法と重ねて、「あの悪法で国民がどれだけ苦しめられたか、その記憶はあまりに生々しい」と反対し、翌七日付の社説「軍機保護法の再現以上」でも、「戦前の軍機保護法と軍用資源秘密保護法そのままあわせて一本にして復活したものよりなおきびしいもの」と論じました。

新しい「戦時体制」を準備していくうえで、防諜体制の整備は不可欠でした。防諜法制としては、すでに日米相互防衛協定等に伴う秘密保護法（ＭＳＡ秘密保護法、一九五四年）や自衛隊法などはありましたが、その根幹となるべき特定秘密保護法を成立させることは、再軍備以来の念願であったといっても過言ではありません。

「現代の軍機保護法」

特定秘密保護法を「現代の治安維持法」とする見方は多くの人々の共有するところとなり、久々に国会の周辺が反対運動の声で包まれるほどの高揚を導く要因の一つとなりました。当初、「特定秘密」の自己増殖性・無限定性に着目した「知る権利」阻害の観点からの批判が目立ちましたが、反対運動のデモをテロ視する暴論が与党政治家から飛び出し、公聴会や参考人聴取が形式的なセレモニーであったことが誰の目にも明らかになると、国民の自由な言動を封殺する治安法であるという本質を突く反対論に転回しました。

とはいえ、特定秘密保護法は「秘密保護」を法益とするだけに、厳密にいえば直接的に類推・比較すべきものは、前述の改正軍機保護法と国防保安法といえます。その意味で「現代の軍機保護法」というべき特定秘密保護法は、現代における「国民防諜」体制の構築への一里塚となります。かつて改正軍機保護法はそれ自体がスパイの検挙に猛威を振るったというよりも、それらを名目とした「国民防諜」政策の推進と徹底に大きく貢献し、国民の言動を強力にしばしり、統制していきました[37]。

特定秘密保護法には、特定秘密を漏らすおそれの有無を判断する「適性評価」の制度があります。公務員以外にも、防衛産業の民間企業の職員も対象となります。その調査事項は「特定有害活動及びテロリズムとの関係」や「信用状態その他の経済的な状況」などに法定されており、同意を必要としているので、プライバシー侵害とはならないと説明されていますが、スパイ行為とのかかわりの有無などは、取締り当局がそのように認定し、目星をつければ、入念な内偵捜査が可能となります。

二〇一四年一二月に施行された特定秘密保護法は、しばらくは予想外に高まった反対運動を考慮して慎重な運用がなされるでしょう。そして、直接の目的とする機密漏洩にかかわる事件がそれほど頻発するという事態にはならないかもしれません。しかし、この法律の果たす機能はそこにとどまるわけではなく、当然国民が知り得べき情報・事実を隠し、それを探知収集することを断念・萎縮させ、さらに現代における「国民防諜」体制の構築につながるおそれがあります。

特定秘密保護法が安倍政権の進める新たな戦時体制構築の一環であることは、反対運動を蹴散らしての二度の強行採決という対応にあらわれています。その後の記者会見で、安倍首相は「厳しい世論については、国民の皆様の叱正であると、謙虚に、真摯に受けとめなければなら

37　軍機保護法の改正後、「国民防諜」の掛け声のなかで、各地で防諜講演会が頻繁に開かれました。防諜協会編『スパイは何処にゐるか「わかり易い防諜の話」』（名古屋新聞出版部、一九四一年）は、陸軍省防衛課大坪義勢《よしとき》中佐が名古屋市でおこなった講演の筆記です。大坪は「日本の防諜の現況は戸締もせず、火は起し放しで一家総出の花見と同一の寒心すべき状態にあります。速《すみやか》に「国民挙《こぞ》って防諜の戦士」にならねばなりませぬ」などと述べるほか、次のように「防諜は国民の心構え一つ」であることを強調しました。

「どんな苦しいことでも我慢して一億一心、この非常時局を突破する。如何なる宣伝にも乗らない。日本政府を信頼し、その号令に絶対、服従する、これで防諜は出来る。ここには婦人方が居られるから一言《いちごん》いたしますが、外国人に心酔して居る婦人などが、よく彼等の手先に使われる、（略）どうも日本の女は、日本人以外の者が無暗《むやみ》と好きなようだが、これは何事か。大和撫子《なでしこ》などと言う言葉はこうした近代女性には使用禁止に願いたいと思う。総《すべ》て日本の女は外国人と結婚すべからず、今女は余って困って居りましょうが、是非日本人と結婚するのです。そうして立派な子供をうんと生むことです。立派な国民を作り、やがて立派な日本を作るのです。これも防諜の一つです」

途中で脱線したところは噴飯ものですが、この講演の意図は戦争を遂行する当局を信頼し、不平不満を言わない国民の強調にあります。そのために、相互監視や密告も奨励されました。なお、「日本の防諜の現況は戸締もせず」と同様なアピールは、国家機密法案の提案時にも、特定秘密保護法においても、「日本はスパイ天国」として盛んになされました。

ないと思います。私自身がもっともっと丁寧に時間をとって説明すべきだったと、反省もいたしております」と述べながらも、「丁寧」な説明がその後になされたことはありません。「謙虚に、真摯に」もその場しのぎの反省ポーズであったことは、つづく新たな戦時体制構築のための法案の強行採決が常套《じょうとう》手段になったことにも明らかです。

共謀罪法の成立

二〇一五年の安保関連法の強行成立についで、一七年六月、共謀罪法がやはり強行採決されました。何としても実現を目指した共謀罪法は、二つの流れからとらえられます。

一つは、国際越境組織犯罪防止条約批准のために必要という理由で、すでに二〇〇三年から〇五年にかけて三度国会に提出され、「共謀罪は一定の条件が整えば「目配せ」でも成立する」という法務省見解に示されるような、内心の自由を蹂躙《じゅうりん》することが問題視されました。三度目の共謀罪法案はしばらく継続審議になっていましたが、二〇〇九年七月の国会解散とともについに断念され、廃案となりました。ところが、突如としてオリンピックのためのテロ対策に必要という新たな理由づけがなされて、二〇一六年夏によみがえりました。二〇一三年のオリンピック招致決定時には日本は「安心・安全」が強調され、テロ対策のために共謀罪を新設するという説明はなかったはずですが。

このテロ対策という詭弁《きべん》の説明で押し通そうとする姿勢に通じていますが、共謀罪法は安倍政権成立以来の新たな戦時体制の構築という流れのなかに位置づけられます。第一次政権で教育基本法「改正」を成し遂げ、第二次・第三次政権では特定秘密保護法の強行可決、安保関連法の強行可決と加速して進みましたが、その延長線上に共謀罪法があり、これらは、憲法改正を当面の目標とした戦時体制構築のための「一本の糸」でつながっています。

「現代の治安維持法」

共謀罪法こそ「現代の治安維持法」といえます。現在の政府の治安維持法認識として、二〇〇五年七月の衆議院法務委員会の共謀罪法案審議における南野知恵子法相の「治安維持法は、戦前の特殊な社会情勢の中で、国の体制を変革することを目的として結社を組織することなどを取り締まるために、これを処罰の対象としていたもの」としたうえで、日本国憲法に違反するかどうかについて、「お答えしかねます」としたことが注目されます。これは「悪法もまた法なり」という立場に立つだけでなく、「戦前の特殊な社会情勢」下では必要なものであったという本音を暗に示唆したものといえます。この答弁は共謀罪法案が「現代の治安維持法」であるという類推を裏づけるものとなり、反対運動の攻勢を招くことになりました。

その反省があったからか、四度目の提出にあたって、金田勝年法相は「治安維持法については申し上げる立場にございません」（二〇一六年一〇月の衆議院法務委員会）、「治安維持法の内容や適用された事例を含めまして、歴史の検証については、専門家の研究、考察等に委ねるべきものと考えております」（一七年六月の同法務委員会）という発言に終始しました。しかし、治安維持法については「専門家の研究、考察等に委ねるべきもの」とする一方で、「捜査機関の恣意的な運用は制度的にできない上にテロ等準備罪の処罰範囲が極めて限定的である、こうしたことを踏まえますと、これを戦前の治安維持法になぞらえる批判というものは全く当たらない」（一七年二月の同予算委員会）と断言しました。「悪法」として評価の定まった治安維持法と共謀罪法案が結びつけられるのを恐れたのです。治安維持法について判断を保留しながら、なぜこうした断言が可能になるのか、非論理的な極みです。

共謀罪法を治安維持法になぞらえる見方は、金田法相のいう「捜査機関の恣意的な運用」、そして処罰範囲が拡張されつづけたという、まさにそこに、多くの人が大きな危惧を予測したことを意味します。共謀罪法がその埋め込まれた拡張解釈により、やがて市民運動や労働運動の抑圧に使われかねないと予感したのです。かつて拡張に拡張を重ねた治安維持法の運用が、戦争に反対し、障害とみなしたものを根こそぎ一掃し、戦時下において「思想清浄」「思想洗浄」に狂奔したことは、歴史の教訓として定着していました。

治安維持法の歴史からみて共謀罪法の問題点の第一は、国会審議における説明が反古《ほご》にされかねないことです。一九二五年の治安維持法案審議において、若槻礼次郎内相は「無産階級の人が適法なる運動をすることに向って、決して拘束を加えるものでありませぬ」（二月一九日、衆議院本会議）と言明したにもかかわらず、とくに一九三〇年代後半の運用は自由主義や民主主義、さらに異端とみなした宗教におよびました。「適法なる運動」の判断基準が取締り側に委ねられ、恣意的になされたこと、そして戦後七〇余年を通じて政府による治安維持法の制定・運用に一つの反省の弁もないことは、共謀罪法が「一般人を対象としない」という説明への不信をかきたてました。

問題点の第二は、治安維持法の適用が拡大するのと比例して特高警察や憲兵が拡充されていったように、現在の取締り当局の組織拡大や捜査方法の拡充が必至となることです。政府の説明では「一般市民団体も組織的犯罪集団に一変すれば共謀罪の対象になりうる」としていますが、その一変するタイミングを確実に把握するためには、狙いを定めた「一般市民団体」に対する事前の長い間の監視と捜査によって、あるいは社会全般に広範な情報収集の網を張ることによって、さまざまな情報が蓄積されていることが前提となります。その監視は、市民運動などを萎縮させるのに十分に効果的です。

テロの「脅威という燃料」

共謀罪法は、実行行為のない段階で犯罪の合意がなされたというだけで処罰を可能とするという恐ろしさをもちますが、それにとどまらず、監視社会化への流れを大きく加速し、まっとうな社会や政治への批判や疑義を萌芽のうちに摘みとることを可能とします。それらが地表上に出現する前に摘発をおこなうためには、盗聴・検閲などの広がりと膨大な内偵捜査のための人員・予算の増大は必至となります。拡充された組織はそれを常時運用していくために、さらに新たなターゲットの発見に奔走していくことになります。「社会秩序」を乱すものとして反対・批判・異論はあぶりだされ、封じ込めと抑圧化が図られます。これが共謀罪法の三つ目の問題点です。

アメリカ国家安全保障局による広範な情報収集活動を告発したエドワード・スノーデンの法律アドバイザーであるベン・ワイズナーは、テロの「脅威という燃料」に注目しました。テロの脅威をあおることは、「課報機関という装置が自らの存在を正当化するために必要とする燃料」（『スノーデン　日本への警告』集英社新書、二〇一七年）となると述べています。かつて特高警察も、「国体」変革・否定の危機感をあおり、そのわずかな芽をも摘みとるためとして組織と予算を増殖し、監視と取締りの範囲を広げていきました。

施行された共謀罪法の運用の主体は警察です。現在の警察は戦前の特高警察とは異なり、「一般人」を対象として内面の思想や信条に踏み込むことはないと考えられるでしょうか。確かに現行「警察法」第二条で「その責務の遂行に当つては、不偏不党且つ公平中正を旨とし、いやしくも日本国憲法の保障する個人の権利及び自由の干渉にわたる等その権限を濫用することがあつてはならない」と規定していますが、これが空文化していることは、沖縄の辺野古や高江における警視庁や大阪府などの機動隊を動員した反対派の排除、そして反対派のリーダーの長期勾留という事態だけみても明らかです。金田法相の「捜査機関の恣意的な運用は制度的にできない」という発言は、現在の警察のあり様と大きく乖離しています。

もう一つ、強行採決に至る国会審議を通じて痛感したことがあります。その不徹底さや不十分さゆえに、本来なら今後の共謀罪法の運用において参照・参考とされるべき質疑応答を残さなかったということです。それなりの緊張した質疑応答があれば、今後の運用上の指針や規準の例示ということになり、いくらかは「捜査機関の恣意的な運用」に対するしばりや歯止めになりえたでしょうが、それすらも望めません。その責任の多くは、まっとうな審議に向き合わず、強行採決をおこなった政府と与党が負うべきものです。

また、後世の法学・歴史研究者が共謀罪の成立過程を検証しようとする場合に、資料的な価値の乏しい国会審議であったとみなされるでしょう。治安維持法の成立・「改正」過程を検討するためには、当時の議会での政府側の説明や質疑応答を丹念にみることが不可欠です。当時においては司法官僚に意識されていたことですが、治安維持法の運用にあたり、過去の議会の審議ぶりを整理し、参照していました。それは厳密な運用を心がけるというより、拡張解釈の余地を探り出すためといった方がよいかもしれませんが、彼らは記録を整理し、残しました。司法省刑事局編『思想研究資料　特輯』には、『帝国議会治安維持法案議事速記録並委員会議録』などが含まれています。

共謀罪法は成立しましたが、取締り当局もしばらくの間は慎重な姿勢で運用の抑制を心がけざるをえないでしょう。だからこそ、反対の声を高く、長く叫びつづける必要性があります。廃止とすることが何より望ましいわけですが、粘り強い反対の声は、少なくとも「捜査機関の恣意的な運用」を監視し、阻止する力となります。

しかし、警察当局などの判断で標的とされた市民運動や労働運動に対しては、すぐにその一変の瞬間を見逃さないために監視と内偵が今後は本格化するはずです。おそらくまずは反原発や反基地、環境保護の団体などが対象となるでしょう。そこで萎縮・自己規制することが「思う壺《つぼ》」にはまることですから、自然体で主体的に、連係しつつ、それぞれの運動に取り組みつづけることが重要となります。

この危険性の記憶が次第に薄くなり、何らかの事態に「共謀罪」が適用されたとき、現代のメディアがそれを冷静に批判的に報じることができるか、大いに懸念があります。戦前の治安維持法事件の当局発表を、新聞はさらに脚色してセンセーショナルに報道してきた事例が山のようにあるからです。近未来に起こりうるこのような状況も注視していく必要があります。

自民党「憲法草案」の「緊急事態」条項

自民党の立党以来の宿願は憲法改正です。すでに何度も憲法改正のための提言がなされてきましたが、二〇一二年四月、「日本国憲法改正草案」が発表されました。その時点では一挙の憲法全面改正は無理という判断から、地震などの大規模自然災害という事態に対処するためとして、内閣総理大臣に全権委任するといってよい「緊急事態」条項の実現を先行させようとするお試し改憲の動きもありました。その後、自民党「一強」体制の成立にともない、一挙に全面改正が指向される状況が生まれたり、あるいは安倍首相が二〇二〇年までに第九条に自衛隊を明記することを唐突に提言するなど、流動的な状況となっていますが、やはり最終的にはこの「憲法改正草案」が改正論議の基軸になると思われます。

本書と直接かかわるのは、第九八条と第九九条の「緊急事態」条項です。現憲法にはない規定です。第九八条「緊急事態の宣言」の第一項を引きます。

内閣総理大臣は、我が国に対する外部からの武力攻撃、内乱等による社会秩序の混乱、地震等による大規模な自然災害その他の法律で定める緊急事態において、特に必要があると認めるときは、法律の定めるところにより、閣議にかけて、緊急事態の宣言を発することができる。

第九九条「緊急事態の宣言の効果」では、「法律と同一の効力を有する政令」の制定とともに、「何人も、法律の定めるところにより、当該宣言に係る事態において国民の生命、身体及び財産を守るために行われる措置に関して発せられる国その他公の機関の指示に従わなければならない」ことを規定しています。戦前の大日本帝国憲法に規定されていた緊急勅令に相当する緊急政令の制定権と、基本的人権の制限を可能とする権限を、内閣総理大臣に与えることになります。

自民党「日本国憲法改正草案Q＆A」（増補版、二〇一三年）では基本的人権の制限について、「国民の生命、身体及び財産という大きな人権を守るために、そのため必要な範囲でより小さな人権がやむなく制限されることもあり得る」としています。「大きな人権」としていますが、その意味するところは「国益」であり、現統治体制の維持と思われます。また、「必要な範囲」は内閣総理大臣の意思により伸縮自在となります。

「緊急事態」宣言を出す要件は、「外部からの武力攻撃、内乱等による社会秩序の混乱[38]、大規模な自然災害等」とされていますが、自民党の政権公約（二〇一二年）では「憲法改正」の⑥として、「武力攻撃や大規模災害に対応した緊急事態条項を新設」としています。また、一般的に「緊急事態」条項の必要性を主張する際には、もっぱら東日本大震災などを念頭にしてい

38　戦前における「社会秩序の混乱」の事例としては、一九〇五年の日比谷焼打事件や一八年の米騒動、二三年の関東大震災、そして三六年の二・二六事件などがありました。米騒動を除いた三例では、緊急勅令による「行政戒厳」が宣告され、軍隊や警察を動員して「社会秩序」の鎮静化が図られました。米騒動でも出動した軍隊と民衆が衝突しました。

るような説明を前面に出しています。治安的性格を薄めるために、おそらく意識的に「内乱等による社会秩序の混乱」を目立たなくする意図が推測されますが、そこには特定秘密保護法や共謀罪法に通底する「社会秩序の混乱」につながる不穏とみなすものを、「緊急事態」の名目のもとに一掃しようという考えが内包されています。

現代日本において「社会秩序の混乱」という事態が現実化する状況は、現時点では生まれにくいと思われます。しかし、たとえば韓国のように現職大統領を辞職に追い込むほどの一〇〇万人規模の集会が日本で出現するとすれば、それが「社会秩序の混乱」とみなされることはあり得るでしょう。

この「草案」が成立して憲法改正がなされた段階では、強権的な政権によっては、「外部からの武力攻撃」のおそれを強調することで、あるいは地震などの大自然災害による社会の混乱を理由に、「非常事態」宣言を発し、基本的人権の制限と抑圧を実施することが可能となります。

国防軍「審判所」の設置

本書にかかわって、自民党「憲法改正草案」にはもう一つの論点があります。第九条に自衛権を明記したうえで、「第九条の二」（国防軍）の五項として、「国防軍に属する軍人その他の公務員がその職務の実施に伴う罪又は国防軍の機密に関する罪を犯した場合の裁判を行うため、法律の定めるところにより、国防軍に審判所を置く」と規定していることです。国防軍に「審判所」を設置するということは、軍法会議を裁判所とは別に設けることになります。「日本国憲法改正草案Q＆A」では「審判所とは、いわゆる軍法会議のこと」としたうえで、「軍事上の行為に関する裁判は、軍事機密を保護する必要があり、また、迅速な実施が望まれることに鑑みて」設置すると説明しています。

軍人および公務員が出動命令・戦闘命令や情報収集活動などの「職務」を拒否した場合、あるいは国防軍や職場から離脱や逃走した場合、軍事機密を漏洩した場合などが想定されていると推測されますが、それらの迅速な処罰のために設置された「審判所」で審判がおこなわれます。この条文には出てきませんが、論理的にいえば、それらの反軍・反戦的とみなされた犯罪行為を内偵し、検挙し、取調べをおこない、おそらく国防軍のなかの検察機関に送致するという一連の手続きを執行するのは、一般警察ではなく、国防軍のなかの憲兵以外にありません。現在は自衛隊内の犯罪行為に対する捜査・検挙・取調べ機関として警務隊が設置されていますが、犯罪容疑者の司法処分については検察庁と裁判所がおこないます。

すなわち、国防軍に「審判所」を設置することは、戦前並みの憲兵を設置することを意味します。軍人だけでなく、軍事行動にかかわる公務員も対象としていますので、現在の警務隊からの権限や規模の拡充も予想されます。現在の警務隊は一般国民が自衛隊に対して犯した犯罪の捜査もおこなっていますので、新たな憲兵はそうした機能を引き継ぎ、反軍・反戦的動向を監視し、取締りをおこなっていくでしょう。

この「審判所」設置の規定をおいた理由は、おそらく二つあります。一つは、「独立国家が、その独立と平和を保ち、国民の安全を確保するため軍隊を保有することは、現代の世界では常識です」（「日本国憲法改正草案Q&A」）という理解のうえに、軍隊＝「国防軍」にはそもそも軍法会議を設置することは必然だ、という考え方です。軍法会議の名称を回避し、憲兵についても明記しないことは、それらに付随するイメージを回避したいからでしょう。

もう一つは、最終段階に入った新たな戦時体制の構築において、さらに軍事機密の保護を図り、戦争遂行にとって障害となるものを「迅速」に処理するために、名実ともに軍法会議と憲兵の存在を位置づけ、それらを十分に機能させることが必要不可欠とみなされているからです。

そして、肝心なことは「自衛軍」ではなく「国防軍」としたことです。「独立国家としてよりふさわしい名称にするべき」（「日本国憲法改正草案Q&A」）という党内の多数意見の結果とされますが、ここに何よりも新たな戦時体制構築の到達点が意識されています。

「米軍とともに戦う国へ」

本書で述べてきた新たな戦時体制の構築は、自民党「憲法改正草案」を当面の到達点とみる立場からのものです。「戦前」回帰として具体的にイメージされているのは、その社会観や天皇観・教育観などから判断して、一九三〇年代・四〇年代の大日本帝国、ないしはそれに近いものといえます。大日本帝国は「八紘一宇」という独善的なイデオロギーを生み出し、実現に向けて能動的に戦争を仕掛けていきました。「戦前」回帰が目標とされ、その国家像の実現に近づきつつある現時点において、では為政者層総体が現実的に大日本帝国のように能動的に自らが戦争を仕掛けることを望んでいるかといえば、おそらくそうではないでしょう。

「はじめに」で述べたように、戦時体制は二つの意味をもちます。一つは戦争遂行体制を完成させたうえで実際に戦争を開始し、継続するという、文字通りの「戦争をする国」です。もう一つは戦時体制として常に国内・国際的な緊張を高め、それらをテコとして異論や不満を封じ込める態勢を維持・継続することです。そこには、市場や原料確保などを目的とする「国益」（実際には企業の「権益」）の確保と拡充も含まれます。現代の政府・為政者層が求めるのは、前者の「戦争をする国」ではなく、後者の戦争勃発の危機を強調することで新たな戦時体制を作り、社会の平穏化を持続し、「国益」の確保と拡充を目指すことにあるはずです。

しかし、一九三〇年代・四〇年代と現代が決定的に異なるのは、かつては大日本帝国が自らの意思と施策によって十五年戦争を引き起こしたのに対して、現代日本は日米安保条約の下、アメリカに追随し、従属する関係のなかに深く規定されていることです。その道は、政府・為政者層が選びとったものです。追随・従属性は、沖縄を筆頭とする日本各地の基地をめぐる諸問題、とりわけ日米地位協定の運用に鮮明にあらわれています。

そこから容易に導かれることは、アメリカは日本が能動的に「戦争をする国」となることは決して認めないということです。安倍首相の靖国神社参拝にアメリカがすぐに不快感を表明したのも、その意思のあらわれの一つです。大日本帝国的な侵略国家が再び出現することは、アメリカにとって大きな脅威になることですから、日本が少しでも安保体制の枠組みを越えて能動的に戦争を仕掛けようとすれば、アメリカは即座にそれを阻止し、押しつぶすことは明らかです。

新たな戦時体制の構築をアメリカが容認しているのは、対中国・対朝鮮民主主義人民共和国（北朝鮮）をめぐる東アジアの軍事的緊張のなかで、まず日本に軍事的役割を分担させるためです。さらにアメリカ自身の軍事力の相対的低下に対応して、同盟国としての日本が「地球の裏側」まで自衛隊を派兵し、アメリカ軍を補完する同盟軍として活動できる枠組み、すなわち集団的自衛権の発動を強く求めているからです。アメリカにとっては、日本の新たな戦時体制の構築は、デメリットとメリットをあわせもつ痛しかゆしという状況ですが、おそらくは日本を追随・従属させ、コントロールすることに確信をもっているのでしょう。

ひるがえって日本に即して考えると、新たな戦時体制の構築が完了した時点で、自らは能動的に「戦争をする国」を望まなくても、アメリカへの追随・従属によって受動的ながら「戦争をする国」となる可能性が高まっています。いうまでもなく憲法の拡張解釈によって集団的自衛権の行使が可能となり、アメリカへの軍事的追随・従属の道、すなわち「米軍とともに戦争をする国」への道が大きく開けたからです。そうなった場合、多くの国民は、望まない戦争に無理やりに巻き込まれることになります。

二〇一七年八月、アメリカと朝鮮民主主義人民共和国の好戦的な挑発が応酬されるなか、朝鮮民主主義人民共和国のグアム島周辺へのミサイル発射を検討中という言明に対して、小野寺五典《いつのり》防衛相は朝鮮民主主義人民共和国が発射した場合、安保関連法に基づく「存立危機事態」として、日本が集団的自衛権を行使して迎撃することは可能との見解を示しました。「密接な関係にある他国への武力攻撃が発生し、日本の存立が脅かされ、国民の生命、自由、幸福追求の権利が根底から覆される明白な危険がある事態」などの三要件を満たして「存立危機事態」が認められることになっていますが、グアム島周辺へのミサイル発射がそれに相当するのか厳密な検討もなされないまま、早くもその拡張解釈がなされようとしています。

また、安保関連法の施行を受けた新任務として、海上自衛隊の補給艦が五月以降、日本海などで米海軍のイージス艦に燃料を補給していたことが明らかになりました。二〇一七年九月一五日付の『朝日新聞』によれば、政府関係者は「法制上、後方支援できる地理的範囲は世界に拡大し、文字通り米軍の戦いを支える形になる」と、認めたとのことです。

八月一七日、トランプ・安倍政権下の初めての外務・防衛担当閣僚会合（2プラス2）では、朝鮮民主主義人民共和国の弾道ミサイルの脅威に対抗するとして、「防衛計画の大綱」改定の考えとともに、陸上配備型の迎撃ミサイル「イージス・アショア」導入計画をアメリカ側に伝えました。なんら国内での論議がなされないまま、さらに二基で二千億円とされる高額の陸上イージスシステムの購入を約束するという、ここでもアメリカ追随・従属の問題点が露呈しました。朝鮮民主主義人民共和国の脅威を「燃料」として、また一歩新たな戦時体制に近づこうとしています。

新たな戦時体制の危うさ

「我が国の安全保障をめぐる環境が一層厳しさを増している」（「国家安全保障戦略」）とは、安倍政権が「積極的平和主義」を主張する際に常に枕詞《まくらことば》として用いる「脅威という燃料」の一つです。もちろんそれは、直接的には朝鮮民主主義人民共和国の核開発や大陸間弾道ミサイルの実験、そして中国軍の南沙諸島などへの海洋進出の動きを指しているわけですが、その備えとして迎撃ミサイルの増強配備にとどまらず、国民に避難訓練などを求めるまでにエスカレートするほか、海上自衛隊・海上保安庁の装備増強や南西諸島への新たな自衛隊配備を実現させるための「脅威という燃料」になっています。

日中両国の経済関係の相互依存の大きさからすれば、中国との軍事衝突の可能性は低く、「沈黙の威圧」の応酬が今後もつづくように思われます。それに対して、東アジア地域をめぐっては、不安定要因というべき金正恩《キムジョンウン》政権および対抗するトランプ政権の冒険主義的行動によっては、偶発的あるいは意図的な軍事衝突がおこり、そこから本格的な戦争へと暴発する危険性は否めません。安倍自民党政権の問題性は、この「安全保障をめぐる環境」の厳しさに対して、あくまで軍事力を背景とした強硬な対応一辺倒に終始し、その真の解決となるべき対話による外交の姿勢を放棄していることにあります。アメリカと朝鮮民主主義人民共和国の挑発合戦に日本は進んで加わりました。そこに新たな戦時体制の危うさが黒々と横たわっています。

東アジアにおける「力による平和」の突っ張りあいから、「沈黙の威圧」が破裂し、軍事行動にエスカレートした場合、測り知れない犠牲を生み出すことは必至です。日本国内に限った場合、そうした事態に自衛隊が出動し、さらに在日米軍が日本各地の基地を拠点に軍事行動を本格化する状況が出現することが予測される時点で、「日本を戦争に巻き込むな」「東アジアの平和を守れ」という運動は各地で大きく展開されるでしょう。その際、政府・為政者層がそれらを抑圧し、取締ることは容易に想像できます。

新たな戦時体制の遂行のために、その障害となるおそれがあるとみなされた市民運動・労働運動・学生運動などのあらゆる社会運動は抑圧統制されるだけでなく、国民は戦争支持・協力のために動員され、情報の秘匿と独占は一層強まり、その漏洩は厳しく処断されます。報道も一段と統制され、政府・為政者層に好都合な方向に誘導されます。教育・言論・学問・芸術などの領域でも、統制と動員の圧力が強まります。

基本的人権の制限や民主主義・立憲主義の破壊の進行と、新たな戦時体制の出現は表裏一体の関係にあります。

おわりに　再び多喜二に学ぶ

「組織の胞子」の拡散

当面の到達点ともいうべき憲法改正が日程にのぼるなか、新たな戦時体制が完成するところまで、現代は突き進んでしまいました。新たな戦時体制がよみがえったとみるべきかもしれません。戦後七〇余年、ともかくも日本から能動的に戦争を仕掛けることはなかったわけですが、その拠りどころであった民主主義・平和主義が、僭称された民主主義・平和主義によって突き崩される瀬戸際に追い込められつつある、というのが現状です。

しかし、この現状をただ嘆いているわけにはいきません。何度も「戦前の再来」が叫ばれながらもその都度押し返してきましたが、今度こそ正念場といえるでしょう。どのように、どこに真の民主主義・平和主義の実現に向けて展望を見出すことができるでしょうか。多くの人々がそれぞれに知恵を絞り、具体的な運動に踏み出すことが求められますが、私は本書の立論に沿って、次のように考えます。

ここまで戦前と戦後・現代の治安体制を基軸に、新旧の戦時体制の問題を比較検証してきましたが、その出発点は小林多喜二の時代全体を把握する視点に学ぶということにありました。再び多喜二に戻って、その未来への展望を学びたいと思います。多喜二がまるごとをつかもうとした同時代、つまり一九三〇年前後の数年間は、まさに破滅に向かう戦時体制の構築が本格的に進められようとした段階でした。確立したばかりの治安体制は、多喜二を拷問死に至らしめた残虐性をもっていました。多喜二が直面した困難性は現代をはるかにしのぐものでした。私たちがひたる暗澹たる思いに比べて、その闇の深さは想像を絶するものだったはずです。

多喜二は時代の闇に果敢に立ち向かい、「来るべき戦争遂行の準備」のために張り巡らされた「からくり」とその各部分の「つながり」具合を明らかにするとともに、現代にも届く未来への展望を残しました。闇という言葉からは、多喜二が苦界にある田口タキに宛てた最初と思われる手紙の冒頭の一文――「『闇があるから光がある』そして闇から出てきた人こそ、一番ほんとうに光の有難さが分るんだ」――が思い浮かびます。私たちは安易に閉塞感にとらわれがちですが、多喜二はもっとも深い闇の底にいるタキに「光」に向けて進むことを語りました。その後の多喜二は、生涯にわたって、この「光」を求めて、よりよい政治・社会・文化の創造への希望を語ったといえます。

具体的には多喜二が各所で示した次代への展望として、その「光」を読みとることができます。『党生活者』の場合、最後は「彼奴等《あいつら》は「先手」を打って、私たちの仕事を滅茶々々にし得たと信じているだろう、だが、実は外ならぬ自分の手で、私たちの組織の胞子《たね》を吹き拡げたことをご存知ないのだ！　今、私と須山と伊藤はモト以上の元気で、新しい仕事をやっている……」と結ばれます。『蟹工船』においてもその「附記」に、「「組織」「闘争」——この初めて知った偉大な経験を荷《にな》って、漁夫、年若い雑夫等が、警察の門から色々な労働の層へ、それぞれ入り込んで行った」と書きつけていました。その「偉大な経験」のなかには、二度目のストライキの成功も含まれています。

『地区の人々』（一九三三年）では、かつての小樽港湾争議以来の「地区」の不屈の「火を継ぐもの」として「兼《かね》さん」を登場させ、「武二や在郷軍人の連中は、それァ勝った積りでいようが、然《しか》しここ暫《しば》らくのうちに、地区の皆の気風がガラリと変ったことに気付かないんだ？」「労働者というものは反動的な指導者の後をついて行きながら、その道行きで、およそ其等《それら》の指導者が思いも寄らなかったような革命的経験を手づかみにするものなんだよ！」と語らせます。「兼さん」は「革命的経験」を「手づかみ」にした人物として造形されました。

「何代がかりの運動」

拡散された「組織の胞子」は「火を継ぐもの」として、多喜二の死後も新たな反戦・反軍の運動を再建しようとしますが、ことごとくふみつぶされました。その点では変革の火は消し去られたかのようにみえますが、敗戦後の「負けとった」というべき「民主化・非軍事化」の実現――日本国憲法に体現される――までを一〇年余のスパンでみれば、多喜二らの蒔いた「組織の胞子」は、戦時下の苦難と逼塞を堪えしのいで、みごとに開花したといえます。その時に想起されるのは、多喜二の母セキが戦後まもなくに語った「いつか多喜二は、屹度《きっと》我々の主張することが、必ず実現される時代がくると思うと言ったことがありますが、丁度それは今の世のことを予言したようなもの」（小林廣編『母の語る小林多喜二』新日本出版社、二〇一一年）という言葉です。

多喜二は『東倶知安行』（一九二八年九月原稿完成）のなかで、社会の変革について「何代がかり」の運動とも書いていました。その意味からすると、戦後からの七〇年余はまだ三代ほどの経過であり、社会変革の歩みは道半ばの途上にあると考えることもできます。

もちろん、「組織の胞子」の拡散具合や大地への浸透の具合は、どれほど懸命かつ執拗・賢明に社会変革のための闘いを展開したかにかかっています。その真摯な闘いが伴わないかぎり、「何代」が経過しても、自然に変革の道が開けるわけではありません。多喜二自身は、排外主義の吹き荒れる満洲事変後の反戦・反軍の闘いに挑み、小説・評論の創作と上海反戦会議参加に向けての実践行動に奔走しました。そうであるがゆえに、こうした次代への展望を導き出しえました。

「大まかな進路」

これらの言葉と共振するのが、多喜二に先立つ四年前の一九二九年三月、治安維持法改悪に反対したため右翼に暗殺された、生物学者で労働農民党の代議士山本宣治《せんじ》の言葉です。死の約二週間前、国際婦人デーに向けた戦争反対同盟の「檄」のなかで、「資本家地主共が今しようとしている戦争は、断じて我等労働者農民のための戦争ではない。それは数十万、数百万の諸姉の愛する夫と兄弟を殺し、不具にして悲しませ飢えさせる許《ばか》りでなく、婦人労働者の労働を烈しくし、しかも賃金を引き下げ、農村婦人には今よりも更に重い戦時特別税を搾《しぼ》りとるであろう。しかもこの惨酷な搾取と殺りくとに少しでも不平を云うならば「御国のためにならぬ」との美名の下に牢獄《ろうごく》と拷問とに投込まれ」ると訴えました（『山本宣治全集』第七巻、汐文社、一九七九年)。

こうして的確に時代状況を見すえつつ、山宣は戦争遂行の準備や弾圧などという眼前の「さざなみに動かないで大まかな進路をとりたい」と語ります。そして、「やはりほととぎすが鳴く迄《まで》は根気よく待たねばならぬ。但《ただ》しふところ手で待つという社会民主主義であってはならぬ」(「議会の一角より京大の若き友に」、『帝大新聞』二九年一月二八日付、『山本宣治全集』第五巻)と、社会の変革に向けて「根気よく」主体的に働きかけることの重要性を説きました。

暗殺される当日の数時間前、山宣は東京市会議員選挙の応援演説で「猿は三尺しかとばなかった」と言っただけで、中止させられてしまいました。それにつづけようとした言葉は、おそらく「多くの鎖でガンジガラミにしばられた一大巨人」であった無産階級が、「今や眠りよりさめんとして一度身うごきすれば、忽《たちま》ちに多くの鎖の一部はたち切られるのだ」(労働農民党京都天田郡支部結党式へのメッセージ、二七年一一月、『山本宣治全集』第五巻)という趣旨であったと思われます。

多喜二や山宣が現在によみがえれば、「我が国の安全保障をめぐる環境が一層厳しさを増している」という常套句の背後にある「からくり」をなぜ明らかにしようとしないのかと、自ら蠢動して鎖を断ち切ろうとしないのかと、叱咤激励するでしょう。

「腐葉土」となる抱負と覚悟

現代において「次代への展望」を垣間見せてくれたのが、学生団体「自由と民主主義のための学生緊急行動（ＳＥＡＬＤｓ〈シールズ〉）」の活動でした。時代への危機感を鋭敏に感じとった彼らは、斬新な発想と組織力で特定秘密保護法の反対運動に立ち上がりました。集団的自衛権の容認に反対し、立憲主義の擁護を訴えたメンバーは、軽やかに解散するにあたり、自らを「腐葉土」にたとえたといいます（『朝日新聞』二〇一六年八月一六日付）。

私たちはそれぞれの場で「胞子」となり、「腐葉土」となる抱負と覚悟を持ち、「大まかな進路」を遠望しつつ、「何代がかり」の運動の一角を担う精神の持続性を有することが望まれるのではないでしょうか。

あとがき

安倍晋三内閣の登場以来、とりわけ第二次政権以降、その強権的・強圧的な政治姿勢は戦争へと進む道を急テンポに押し進めつつあります。多くの人々がそれに戦前・戦時中と似た「きな臭さ」と「危うさ」を見てとり、かつてなく中高年や若い層を抗議の意思表示に駆り立てました。その一方で、教育基本法「改正」から「共謀罪」に至るまで抵抗と批判を寄せつけず実現をみたのは、現政権を容認・肯定する世論が分厚く存在しているからといえます。それは、二〇一七年一〇月の衆議院選挙で自公体制の大枠に揺るぎがなかったことに示されます。これらの層は、一七年に加速した朝鮮民主主義人民共和国の核・ミサイル開発への対抗として、憲法改正を含む日本の軍備拡充を支持し、「国民の安全安心」と「国益」を守るためには武力行使もやむを得ないと考えはじめた層と重なるでしょう。戦争を不可避とする「もっともらしい」理屈に、再び国民は飲み込まれようとしています。

現在は、このせめぎ合いが正念場を迎えています。戦争の時代への急傾斜に発する「きな臭さ」と「危うさ」を、日本近現代史の、しかも「治安体制」という限られた側面ながら、できるだけ具体的に目に見えるかたちにし、小林多喜二にならって戦争を生み出す「からくり」の構造を明らかにしたいと考えた結果が本書となりました。本書の論述の各要素を構成するのは、これまでの次のような著作です（刊行順）。より詳しくはそれらを参照していただければ幸いです。

『特高警察体制史』（せきた書房、一九八四年。増補版、一九八八年）
『戦後治安体制の確立』（岩波書店、一九九九年）
『思想検事』（岩波新書、二〇〇〇年）
『外務省警察史』（校倉書房、二〇〇五年）
『横浜事件と治安維持法』（樹花舎、二〇〇六年）
『戦前文部省の治安機能』（校倉書房、二〇〇七年）
『多喜二の時代から見えてくるもの』（新日本出版社、二〇〇九年）
『特高警察』（岩波新書、二〇一二年）

『「戦意」の推移』（校倉書房、二〇一四年）
『北洋漁業と海軍』（校倉書房、二〇一六年）
『日本憲兵史』（日本経済評論社、二〇一八年）

多喜二をはぐくんだ小樽での生活を一区切りするに際し、これまで考えてきたことを本書に集約し、戦前から現代につづく「治安体制」の主要部分についてひとまず見渡せる論述をなしえたことに、感慨をおぼえます。この機会をあたえてくださった集英社新書編集部の伊藤直樹氏に、深くお礼を申しあげます。問題関心を具現化するにあたり、さらに全体の構成と細部の論述に至る示唆に富む助言は、何よりも有益でした。また、綿密で徹底した校閲により、ずいぶん助けられました。お礼を申しあげます。

二〇一八年三月二一日

荻野　富士夫

荻野富士夫（おぎの ふじお）

一九五三年埼玉県生まれ。小樽商科大学名誉教授。早稲田大学文学部卒業。専攻、日本近現代史。『特高警察』『思想検事』（岩波新書）、『小林多喜二の手紙』（岩波文庫）、『「戦意」の推移』（校倉書房）、『日本憲兵史（小樽商科大学研究叢書）』（日本経済評論社）他著作多数。

よみがえる戦時体制《せんじたいせい》 治安体制《ちあんたいせい》の歴史《れきし》と現在《げんざい》

集英社新書〇九三五A

二〇一八年六月二〇日 第一刷発行

著者……荻野富士夫《おぎのふじお》

発行者……茨木政彦

発行所……株式会社集英社

東京都千代田区一ツ橋二-五-一〇 郵便番号一〇一-八〇五〇

電話 〇三-三二三〇-六三九一（編集部）
〇三-三二三〇-六〇八〇（読者係）
〇三-三二三〇-六三九三（販売部）書店専用

装幀……原 研哉　組版……MOTHER

印刷所……凸版印刷株式会社

製本所……加藤製本株式会社

定価はカバーに表示してあります。

ISBN 978-4-08-721035-4 C0231

Printed in Japan

a pilot of wisdom

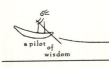